心計學

玩的就是心計

人與人的交往，
就是心與心的較量！

這些心計會告訴你，
在人生的某個階段，
某個時刻，
你要採取怎樣的方式來應對！

牧之 著

前言

在生活中，你是否曾經因為無力說服別人而沮喪？是否曾經被別人牽著鼻子走而渾然不覺？是否曾經真心地為別人好，可是對方卻不領情？面對這些紛紛擾擾的生活瑣事，你也許會束手無策，苦悶困惑，時常感歎為什麼有些人那麼有心計？難道自己只能這麼傻乎乎地處於被動地位嗎？

相信你是心有不甘的。其實，你不必為此而灰心喪氣。「心計」雖然高明卻不神秘，你無需羨慕別人的交際手腕，只要細細品味生活的各個方面，懂人性，知人心，就會撥開迷霧見青天，明白生活中「心計」的關鍵所在。

我們這裡所說的「心計」，並非指見不得人的陰謀權術，不是指為達到某種目的而使用的不光明的手段，而是指為人處世的技巧，是幫助人們通往成功的謀略。細細想來，在人類歷史的過程中，心計是處處存在、時時都有的，人們進行的各種活動，包括政治、經濟、軍事、教

人與人的交往，
就是心與心的較量！

育以及社交、求職，從一定意義上說，都是某個方面或是某個角度的心計活動。

一個人不管家庭背景多顯赫，自己本身多聰明、多能幹，如果不懂得做人的道理，沒有一點心計，是很難成就事業的。不懂處世的心計，就不知道如何提防別人；不清楚何時「該出手」；不明白怎樣與上級、下屬、同事、朋友，乃至伴侶、家人融洽相處。不懂處世的心計，就會處處碰壁，屢受挫折，不僅影響與別人關係的和諧，也使自己在生活中很難立足。

所以，我們想要從這個雲譎波詭的人生之海中，繞過波濤洶湧的暗流，繞過錯綜複雜的險礁，就必須有「心計」。有了心計，就意味著你可以在片刻之間，洞悉別人內心深處潛藏的玄機；可以辨人於彈指之間，察其心而制其人；可以在人生的旅途中左右逢源，移步生蓮；還可以用各種各樣的方法瞬間改變別人的心理軌跡。總之，有了心計，你就可以瀟灑地輾轉於人生的競技場中，把主動權牢牢地掌握在自己的手中。

說了這麼多心計學的妙用，學心計很難嗎？當然不會。每天學點心計學，相信你很快就可以成為「心計高手」。本書竭盡全力概括出生活中每個方面的心計學，希望可以給你最全面、最有效的「心計」提示。

本書分別從職場、銷售、辦事、生活等多個方面詳細講解不同領域使用心計學的方法，立足於現實，取材於生活，內容生動，語言輕鬆，你可以在隨意的閱讀中學到實用的生活哲學。

心計學

請你不妨花費一些時間用在這本書上。你擁有本書，就如同有了一張行走社會的王牌，你可以遊刃有餘地面對社會上的各種挑戰。既可以看破別人的心思，不動聲色地影響對方，達到自己的目的，也可以識破對方的圖謀，並且採取有效的對策，從別人的控制中逃脫。相信本書會讓你受益頗多，帶著你走出迷惑不前的低谷，引領你邁向至高無上的巔峰。

人與人的交往，
就是心與心的較量！

目錄

一第二章一 如何得到同事的喜愛？

第二篇：銷售中的心計學

—第一章—
尋找有購買意向的潛在客戶

心計學

借助「相術」來瞭解客戶……151
從細節判斷客戶的購買力……154
識別「兩棲」類消費者……157
保持良好形象，迎合客戶口味……160
使用讓客戶高興的字眼……162

人與人的交往，
就是心與心的較量！

一第四章一 維護好與客戶的關係

你的客戶為什麼在流失？……167
維繫老客戶比贏得新客戶更重要……170
用心去愛你的客戶……172
用真情去感動你的客戶……175
關係好，也要多做感情投資……177
不斷滿足客戶的「感性需求」……179
為客戶提供追蹤服務……182

人與人的交往，
就是心與心的較量！

第三章 求人辦事，誘之以利

心計學

第四章 以真情打動別人的心

第四篇：生活中的心計學

第一章 把握生活的細微之處

第二章 注意樹立良好形象

人與人的交往，
就是心與心的較量！

第一篇：職場中的心計學

為什麼你工作努力，你的主管、同事卻偏偏看不見？為什麼你勞心費神，你的下屬卻吊兒郎當？與同事溝通離不了語言交流，但是你會不會「說話」？為什麼有些人在辦公室裡左右逢源，你卻處處碰壁？怎樣才可以被老闆賞識？怎樣才可以與同事融洽相處？怎樣才可以讓下屬人盡其才……或許每位身在職場的人士都正在被以上的問題搞得焦頭爛額。

如何從眾多競爭者中脫穎而出？如何理順辦公室裡千絲萬縷的人際關係？如何破解自己職業成長的瓶頸……或許任何一個職場人都無法迴避這些問題。然而，有些人在職場中遊刃有餘，有些人卻處處碰壁，其實，職場生存是一門高深的學問，它不僅需要優秀的業務能力，更多的時候還要懂一點靈活的職場心計。

第一章

如何獲得老闆的器重？

與老闆進行良好的溝通

在辦公室裡，許多非常優秀的員工沒有得到老闆的賞識，主要原因是與老闆過度疏遠。有些人到一家公司上班幾年了，老闆對他們都沒有什麼深的印象，這就在於他們對老闆有生疏及恐懼感。他們見了老闆一舉一動要麼不自然，要麼遇上老闆就躲開，或者裝作沒有看到，這樣老闆又怎麼可能留意到你？

想要在辦公室得到老闆的賞識，就需要平日多與主管接觸和溝通，懂得主動爭取每一個機會。事實證明，很多與老闆匆匆一遇的場合，可能決定你的未來。

例如，在電梯間、走廊上，吃午餐時，遇見你的老闆，你要主動迎上去，並且微笑著談幾句，或者說幾句工作上的事。不要極力避免讓老闆看見，即使與老闆擦肩而過也一言不發。

如果你自信地主動與老闆打招呼，主動與老闆交談，你大方、自信的形象，會在老闆心中留下印象。

人與人的交往，就是心與心的較量！

剛畢業的陳娜和另外七八個年輕人一同被一家正向集團化邁進，急需大批新生骨幹力量的公司聘用。為了表示對這批「新鮮血液」的厚望和鼓勵，老闆決定單獨宴請他們。

餐廳離公司不遠，新人們三三兩兩結伴而行，唯獨將老闆拋在了一邊。陳娜看在眼裡，不禁替老闆尷尬。

進入餐廳落座之前，陳娜藉故先去一趟洗手間。回來一看，果然不出她所料，同事們正襟危坐、謹口慎言，不僅沒人上前跟老闆搭話，更將其左右兩邊的座位空了出來。

看見老闆強擠出笑容的樣子，陳娜趕緊說：「我建議我們都往一起湊湊吧！」說完，很自然地坐在了老闆左邊的座位上，老闆對她投來讚許的目光。

陳娜不止一次地在電梯裡與老闆「不期而遇」時，她沒有像其他人一樣硬著頭皮和老闆沒話找話，而是笑吟吟地和老闆打著招呼。老闆問她最近工作如何，她有條不紊、對答如流。平常老闆和她聊一些輕鬆休閒的話題，她也總是表現得很健談。透過與老闆的互動，陳娜瞭解了老闆的許多愛好，更以此加深了老闆對她的印象。

人與人之間的好感是透過實際接觸和語言溝通才可以建立起來的。員工只有主動與老闆面對面地接觸，讓自己真實地展現在老闆面前，才可以讓老闆充分認識到你的才能，你才會有被賞識的機會。不主動與老闆互動，是一種對自己的前程和發展不負責的態度。一個不在老闆視線範圍內的員工，根本就沒有擔當重任的機會，又何來成功？一個不能主動為自己爭取機會的人，如果被升遷，將來管理公司、面對客戶或參加為公司爭取利益的談判時，又怎麼會有魄力和手段？

每位老闆也願意給員工留下一個和藹可親的印象，也希望員工對他親近。有些人因為自卑和恐懼在作祟，見到老闆避之唯恐不及，殊不知老闆面對一個拘謹無措的員工也會覺得尷尬。

所以，你應該抓住每次親近老闆的機會，不要戰戰兢兢或者故意閃躲。遠離主管的做法不利於個人才能的發揮。如果換一個角度思考，能經常有意無意地親近老闆，讓他記住你，讓他瞭解你的意見和想法，你才有可能收穫意外的驚喜。

幫助老闆完成目標，而不是爭辯對錯

在職場上，想要獲得老闆的器重，應該記住的一點是，你的使命是幫助你的老闆完成他的主要目標，而不是與老闆爭辯是非曲直。

主動和老闆辯論是非、討說法的人雖然不多，但是有時候會遇到老闆主動和員工談是非——比如老闆批評員工某個地方做得不對，可是員工卻覺得自己沒有錯；老闆提出並且執行某個方案，員工卻覺得另一個方案更好。於是，當老闆的期望目標與員工的想法出現不一致或衝突時，就會出現老闆與員工之間的解釋、質問、辯論，甚至是爭執。

有時，我們終於證明自己的正確，但是你高興之餘會發現老闆不高興。他往往扔下一句「難道你就一點責任都沒有」或「你就不能做得再好一點」，而後悻悻而去。有時，我們爭論了一番卻發現是自己錯了，老闆卻很寬容地笑笑說：「沒關係，下次注意就行了。」所以，我們在與老闆探討問題的時候，心裡要有一個底線，就是不要與老闆爭辯。要知道，老闆有責任讓你跟著他的思路走。因為一切的問題和討論都是圍繞最終目標而展開的，在老闆看來，最主要的問題是實現目標。

里傑是一家紡織公司的銷售代表，他對自己的銷售紀錄引為自豪。有幾次，他向老闆莎羅解釋說，他如何賣力工作，勸說一位服裝製造商向公司訂貨。可是，老闆只是點點頭表示贊同。一次，里傑忍不住鼓起勇氣問老闆：「我們的業務是銷售紡織品，難道你不喜歡我的客戶？」

莎羅和他的態度一樣，直視著他，答道：「里傑，你把精力放在一個小小的製造商身上，可是他耗費了我們太大的精力。請把注意力盯在一次可訂三千碼貨物的大客戶身上！」

里傑這才恍然大悟，於是他把手中較小的客戶移交給一位經紀人。雖然他只收到少量的佣金，但更重要的是，他明白了自己的真正職責，幫助老闆實現他的目標——找到主要客戶簽訂單。

尊重和支持你的老闆

在工作中，你應該做的是支持、愛戴你的主管。自己經常站在他的立場想一想，你會發現對方有許多不得已的苦衷。無論遇到任何工作上的困難，對主管都不要過分依賴，避免與他發生任何正面的衝突。尊敬你的主管，你會發現對方慢慢開始接納你的意見，並且最終成為你可以依賴的靠山。

雷姆賽是國際市場副總裁的助理，他接到一項緊急任務：根據老闆的筆記，準備好業務進展曲線圖表。起草圖表時，他注意到老闆寫道：「美元強勢，出口就會增加。」雷姆賽明白，事實正好相反。於是，他通報老闆，說已經糾正了這個錯誤。

老闆感謝雷姆賽及時發現了他的疏忽。第二天向上呈報未出絲毫紕漏後，老闆對雷姆賽做出的努力再次道謝。

尊重和支持老闆，反映在適應不同主管的工作方式上。你可能與你的主管性格、做事習慣、見解等都有不同，但處處表示你對他的支持，可以得到主管對你的尊重。比如多考慮以下問題：主管最需要什麼資料？怎樣可以幫助他？你以往犯過什麼錯，將來可以避免嗎？這對你的職業發展必有裨益。只要以誠意去與對方接觸，同樣也可以贏得主管對自己的尊重和支持。

你可以多種方式表達對老闆的忠誠，讚美就是其中的技巧之一。很少有哪個老闆不喜歡被下屬恭維，這是由老闆強烈的自我價值肯定願望所決定的。但讚美老闆也要講究藝術，過分的溢美之詞只會讓老闆反感。

老闆處境不利，缺乏自信，或不為別人接納和讚許的情況下，他最需要的是肯定性的評價和支持。這時下屬適當的鼓勵性稱讚就恰如「雪中送炭」。

有時候，善於拍馬屁反而不如誠懇的批評更可以受人信賴。春秋時期有一個故事：趙簡子有一個臣下叫周舍，他表示「願為愕愕之臣」，每天記下趙簡子的過失。趙簡子發現在眾多只會奉承拍馬的臣下當中竟然有一個與眾不同的「直士」，非常喜愛，以後出入都與他在一塊。後來，周舍死了，趙簡子像喪子那樣悲慟，他還明確地對眾大臣說：「眾人之唯唯，不若直士之愕愕。」由此可見，誠懇的批評常比廉價的讚揚更讓人喜愛，這樣的下屬往往更可以讓老闆傾心喜歡。

人與人的交往，
就是心與心的較量！

有目標、有計畫地工作是支持老闆的良好方式。有序高效地完成任務，必定贏得主管的青睞，盲目、雜亂無章地工作，只能給人一種添亂的印象。主管交給任務時，應該認真踏實地做好，但是主管向我們提出無力承擔的某些工作要求時，我們可以在讚美主管業績和能力的同時暗示此類工作只能由主管親自完成，作為下屬無權或無資格參與其中，否則只會把事情搞糟，這樣主管也會體諒員工的苦衷。

在職場中，任何時候都要對主管表示尊重，一切不服從、功高蓋主的行為都不能有。一般而言，主管在各個方面都比下屬高出一籌，如工作經驗豐富，有較強的組織、管理能力，看問題有全局觀念等，有些主管具備個性方面的優點，如性格直爽、辦事果斷、工作細心等，這些都是值得下屬尊重和學習的。

尊重和支持老闆，同樣能贏得老闆對自己的信任和尊重。只有這樣，才可以與主管建立良好的工作關係，自己的職場之路才可以平坦順利。

幫助你的老闆獲得成功

做好自己的份內之事，對工作盡職盡責，讓老闆認為你可以為他的成功盡心盡力，做出貢獻，這是贏得主管器重的最基本的條件。

貝絲是一位負責家用電器連鎖店的副經理，她和老闆莫尼克都贊成擴大連鎖店的經營規模，因為這樣生意便可擴大兩倍。但是莫尼克還有些猶疑，因為她難以確定經營管理的前景，即規模擴大能否帶來適當的回報。

在一次地區會議上，一位辦事處高級官員詢問貝絲對於工作進展的態度。「工作進行得不錯，連鎖店生意興旺，」她答道，「我喜歡莫尼克的工作作風。多數經理們也許經常抱怨不能把所有的商品和客戶塞進如此狹小的空間，而我們上週幾乎是把電視機直接從運貨車上賣掉的。如果有更大的地方，那些顧客也許還會對更多的商品有興趣。我們是在現有的條件下全力以赴進行工作的。」

很快，莫尼克的連鎖店計畫又增加了一間側廳。正如預計的那樣，銷售量迅速增長，莫尼克對貝絲的傑出業績也給予了高度評價。

凡事想到老闆前面，把工作做得漂亮，可以為公司創造高效益的員工，自然不能與一般員工同日而語，地位與職位都將會有較大的提升。任何事都聽從老闆指派，工作沒有靈活性與創造性的人，很難做出突出的業績。這樣的員工也難得到老闆的重視。

處處高標準、嚴要求，認真工作，全力以赴做好每件事，並且不斷提升自身的能力與素質，這樣的員工沒有不受老闆歡迎的。積攢的「本錢」越多，你的含金量就越高，此時的老闆會像對待金元寶一樣對你愛不釋手。

史蒂芬大學畢業以後，到一家著名的機械製造公司工作。雖然他一技在身，勤勞肯做，但是並未得到公司的重用。可是他沒有因此產生情緒，而是認真工作。他相信只要自己努力，一定會得到認可。於是，在工作之餘，他細心查看整個公司各部門的生產情況，並且做了詳細記錄，發現了所存在的技術性問題並且提出解決的方法。他花了近一年的時間進行設計，獲得了大量的統計資料，為自己的專業能力奠定基礎。

在他工作後的第二年，公司產品品質出了問題，許多訂單紛紛被退回，公司將蒙受巨大的損失。公司董事會為了挽救頹勢，緊急召開會議商議對策，當會議進行一大半仍然未見眉目時，史蒂芬闖入會議室，提出要直接見總經理。

在會議上，史蒂芬對這個問題出現的原因做了令人信服的解釋，並且針對工程技術上的問題提出自己的看法，隨後拿出了自己對產品的改造設計圖。

這個設計非常先進，恰到好處地保留原來機械的優點，同時克服了已經出現的弊病。總經理及董事會的董事見到這個新員工如此精明，就詢問他的背景以及現狀。史蒂芬當即被聘為公司負責生產技術問題的副總經理。

在社會上，可以做好例行工作的人很多，但是在公司面臨難關的時候，可以有所貢獻的人卻很少。可以在公司關鍵時刻解決問題，顯示出自己的價值的員工，自然會得到重視與重用。

很多人的錯誤在於對於工作沒有一個正確的認識，僅僅把完成本職工作當作最終的目標，只是為了工作而工作，很少花心思在鑽研上，只是不出錯誤地把分派的工作做好。

沒有哪個老闆喜歡雇用死板工作的下屬。老闆喜歡可以給自己帶來驚喜的員工，這樣的員工運用自己的智慧和才幹，把工作做得比自己預想的要好。老闆希望自己的員工可以主動研究更多的業務和知識，把知識用到工作上，不需要督促，主動把工作效率提高。

那種得過且過、工作被動的員工，在職場上的生命力是短暫的。不努力工作的後果就是可

人與人的交往，
就是心與心的較量！

能被別人替代。消極的工作態度不會給你帶來任何進步。只有努力付出，可以出色完成工作的員工，才是老闆喜歡的員工。

為老闆排憂解難

想要使主管對你另眼相看，除了要能在工作上獨當一面之外，還可以為老闆的其他瑣事排憂解難，這樣的下屬才可以得到更多的器重。

例如，主管經常找不到需要的文件，你可以盡快替他將所有文件系統整理好。要是他對某客戶處理不當，你可以得體地代他把關係緩和。他討厭做的一些工作你不妨代勞。這樣，主管覺得你是一個好幫手，你自己也可以多儲存一些工作本錢。

卡爾是某學院的部門助理，他的老闆羅格負責管理學生和教職員工。極其糟糕的簽到系統使學生們經常還未上課就被記名，許多班級擁擠不堪，另一些班級卻又太小，面臨被註銷的危險。想到羅格已經承受著改進系統的壓力，卡爾自告奮勇組織攻關，負責開發一個新的體系。老闆高興地同意了他的意見，於是這個攻關小組開發出一個大有改進的系統。

之後的一次組織機構改組中，羅格升任了主任，隨即卡爾被提升為副主任。對其開發並且成功地完成的這個系統，羅格給予了高度讚揚。

幫助老闆解決難題，就不應該只滿足於做好自己份內的事，還應該在其他方面爭取經驗，提升自己的工作「價值」，即使是困難重重的任務，也要勇於嘗試。那些勞煩主管的事或難題，你都應該想想有沒有什麼好的建議。當自己有了好的建議時，與主管保持良好的溝通，給主管簡潔有力的報告。只有重要的事才向他請示，切莫讓淺顯和瑣碎的問題煩擾他。

為老闆排憂解難，就是正確領會老闆的意圖，減少工作中的麻煩。當主管向你下達任務後，先瞭解對方的真實意圖，更要衡量做法，以免因為誤會而招致不必要的麻煩。任何工作都要力求妥善，確認沒有錯漏再交給主管。謹記工作時限，若不能準時做好，應預先通知主管，這樣可以使主管信任你可以準時完成工作。必須圓滿地把工作完成，不要等主管告訴你應該怎樣去做。

儘管主管沒有要求你把過去的工作記錄拿給他看，你也應該把它們整理妥當，主動呈交給主管過目，讓他明白你的工作能力。對主管忠心耿耿，他就不會挑剔你的工作方法，也會對你增加好感。

小張是某縣府辦公室的科員，經常會遇到上訪者要求見主管解決問題的事情。主管精力有限，如果事事都去驚動主管，勢必影響主管集中精力做好全盤工作。每當有來訪者吵鬧著要見主管時，小張總是勇敢地站出來，分清情況，解決糾紛，進行協調，把問題處理好。對一些重大的問題，他也是先調查清楚，安撫好上訪者之後再向主管請示，不讓主管直接面對棘手的問題。無論大事小情他總能處理得有條不紊，不僅令眾人心服，也獲得了老闆的讚揚。

像小張這樣的下屬，哪個主管不需要？這就是主管所讚美的實做家，他比整天跟在主管後面只知道看主管臉色行事，遇到大事就往主管後面跑的人要好得多。

總之，主管願意選擇你做他的下屬，他對你的印象自然很好，你必須事事替他著想，把他的事當成自己的事。

學會替老闆擋駕和解圍

主動為主管攬過，是職場生存的必備智慧。想要與老闆相處融洽，就要學會替老闆保住面子，維護老闆的尊嚴，說話辦事不讓老闆難堪，最聰明的做法就是主動承攬錯誤，適當地背點「黑鍋」。關鍵時刻，要為老闆挺身而出，老闆才會真正地認識與瞭解你。

擋駕是一門藝術。下屬如果善於主動出面為主管擋駕，處理掉那些不必驚動主管的事情，使主管把有限的精力用在謀大事上，主管就會更器重他。在某些特殊情況下，出於對工作和主管負責的目的，下屬要敢於負責任，敢於面對問題，秉持認真負責的原則，對情況予以核實和整理，最後徵求主管的處理意見。

主管出於各種考慮，有些問題不宜出面解決或公開表態，這時不要怕麻煩，協同主管一起把問題處理好。要注意的是，一要得到主管的授權和指示，二是不論結果如何，要以適當的方式向上級主管彙報。

學會為主管辯護，充當別人和主管之間的緩衝器，有助於穩定職場人際關係。聽到別人對主管有抱怨時，要勇敢地提醒這些人，不要忘了主管的優點。要學會鼓勵抱怨的人採取具有建設性的方式來表達意見，不要只是宣洩不滿。若自己也是抱怨的人之一，應該檢討自己，很可能是由於自己在工作上的挫折感，而把責任推到主管的頭上。

在職場中，要盡量避免因為自己的不慎造成主管下不了台，而且要學會在主管可能不好下台時，巧妙地為其提供一個台階，及時地圓場。

適時地提供一個適當的台階，使主管免丟面子，是圓場的一大原則。這裡有以下幾點要注意：

注意不露聲色。既要使主管體面地下台階，又盡量不使在場的旁人察覺，這才是最巧妙的台階。

注意用幽默語言作為台階。幽默是人際交往的潤滑劑，一句幽默的語言可以使雙方在笑聲中相互諒解和愉悅。

注意盡可能地為主管挽回面子。有時候，某種意外情況使主管陷入了尷尬境地，你在給主管提供台階的同時，如果可以採取某些妥善措施，及時為主管面子上再增添一些光彩，那是最好不過的。

人與人的交往，
就是心與心的較量！

主管有樹立自己權威和形象的心理需求，尤其是在自己的下屬面前。良好的形象是上級經營管理的核心和靈魂。因此，下屬要在充分瞭解這個心理需求的情況下，學會維護上級的形象。上級瞭解到你維護他的形象的良好心理動機時，就會在內心裡對你表示感激，進而更加器重你。

記住：是老闆在拿主意

身在職場，自然免不了和老闆打交道。然而，下屬在與老闆相處的過程中，容易犯又不易自省的錯誤就是替老闆做主。

決策，作為領導活動的基本內容，處於不同層次上的領導者其許可權是不一樣的。有些決策可以由下級主管做出，有些決策則必須由上級主管做出。有些主管不能充分認識這一點，應該由上級主管做的決策，他卻超越許可權，自己擅自做主。

在有些企業中，職員可以參與公司和部門的一些決策，此時就應該注意，誰做什麼樣的決策，是有限制的。有些決策，你作為下屬或一般員工可以參與，而有些決策，下屬還是不插言為妙。「沉默是金」，你要視具體情況見機把握。有些問題的答覆，往往需要有相應的權威。作為職員、下屬，沒有這種權威，卻要搶先答覆，會給老闆造成工作中的干擾，也是不明智之舉。

有些下屬可能認為，幫助老闆做決定是在替老闆分擔工作，會得到老闆加倍的讚賞。事實卻相反，你的這種「大包大攬」的行為不會贏得老闆的好感，因為你私自下決定等於是對老闆的權威進行挑戰。職場中的分工是明確的，下屬應該盡職盡責地做好份內的事，一些關係到整體利益的大事還是由老闆親自掌控，作為下屬的你還是不要隨便亂「插手」。

做好本職工作，也不等於對別人的事漠不關心，在做好自己的工作的同時適當地為別人分擔一些事情，可以為你贏得好人緣。在工作中多做一點，幫助同事做一些力所能及的事，表達對對方的關心，有利於融洽同事間的關係。和老闆相處，就要多注意，什麼事情可以主動分擔一些，什麼事情不能擅自「奪權」，否則不僅不會得到老闆的表揚，而且你的盲目添亂有可能給團體造成損失。

在與老闆相處中，無法避免和老闆一起共事，因此你可以這樣做：

在老闆遇到難處時，你可以主動地幫助他分憂解難。在老闆對某件事猶豫不決、舉棋不定時，主動表示理解和同情，並誠懇地做出自己的努力，減輕老闆的負擔。適當地提出一些建議和想法，和老闆共同商量解決問題的方法和對策，對老闆的想法和意見不要表示排斥和滿不在乎，更不能固執己見而反對老闆，把老闆的決策權「搶」到自己手上。

遇到冷靜型的老闆，一切工作計畫你只負責執行就好，不要自作主張。執行的經過必須有詳細的記載，即使是最細微的地方，也不能稍有疏忽。嚴謹細緻的工作態度是所有老闆都喜歡的。如果執行中遇到困難，你最好可以自行解決，然後事後口頭報告當時如何應付，老闆就會很高興。但要注意的是，事後報告要力求避免誇張的口氣，無論當時的處境多麼難辦，也要以平靜的語氣表達。

每個主管都有自己的職權範圍和工作職責，要處理好和其他主管的關係，首先是你不要侵犯對方的「領地」。你要隨時牢記「不在其位，不謀其政」的古訓，因為無論多麼開放的職場，界線永遠存在。

你不要越權去替老闆做決策、下決定。遇到重大問題的決策時，你不妨問問主管，「關於某件事，某個地方我不能擅自下結論，請你定奪一下」，或者「這件事依我看不這樣做比較好，不知你認為應該如何」。

總之，在辦公室裡，你必須隨時牢記一條：主管永遠是決策者和命令的下達者，無論我們有多大的把握相信自己的判斷力，無論你代替主管決定的事情有多細微，都不能忽略主管同意這個關鍵步驟。

低姿態提出建議，贏得老闆的關注

下屬提出一個建議，試圖讓老闆接受，這不僅取決於建議內容本身是否合理，還往往取決於下屬提出建議的方式。

注意提出建議的方式，就是要隨時注意老闆的心理感受和變化軌跡，就是要求下屬在提出建議的時候首先要獲得老闆的心理認同。

許多經驗顯示，以請教的方式提出建議更容易讓老闆接受。請教，是一種低姿態。它的潛在含意是，尊重老闆的權威，承認老闆的優越性。這表示，下屬在提出意見之前，已經仔細地研究和推敲了老闆的方案和計畫，是以認真、科學的態度來對待老闆的思想。因而，下屬的建議應該是在尊重老闆自己的觀點的基礎之上，很可能是對老闆觀點的有益補充。這種印象會使老闆感到情緒放鬆，進而降低對你的建議的某種敵意。

請教的姿態，不僅僅是形式上的，更有內容上的意義。這樣，你可以親自聆聽老闆在這個方面的想法。這種想法在很多時候是他真實意志的表現，他卻並未在公開場合予以說明，而且很有可能是下屬在考慮問題的時候所忽略的重要方面，這樣在未提出自己的意見之前，首先請教一下老闆的想法，可以使你做到進退自如。一旦發現自己的想法還欠深入，考慮不是很周到，還有機會立刻止口，回去後再把自己的建議完善一下。如果你的建議未能領會老闆的意圖，你的建議不僅價值不大，而且還暴露了自己的弱點，這對你絕非什麼幸事。

向老闆請教，有利於找出你們的共同點。這種共同點，既包括在方案上的一致性，又包括你們在心理上的相互接受。美國前總統林肯就是這個方面的表率。年輕時，他與他的主管關係不融洽，為了改善上下級的關係，他得知這位議員很喜歡讀書，便三番五次地向其請教學問。由於他摸到了主管的愛好，並且可以虛心討教，一來二去，那位主管也改變了對林肯的成見，林肯在後來的仕途上的進步，也得到他的大力支持。

許多研究者發現，「認同」是人們之間相互理解的有效方法，也是說服別人的有效手段。如果你試圖改變某人的個人愛好或想法，你越是使自己等同於他，越會具有說服力。

有經驗的說服者，他們經常事先要瞭解一些對方的情況，並且善於利用這些已知情況來作為「根據地」「立足點」；然後，在與對方接觸中，首先求同，隨著共同東西的增多，雙方也就越熟悉，越可以感受到心理上的親近，進而消除疑慮和戒心，使對方更容易相信和接受自己的觀點和建議。

下屬在提出建議之前，先請教一下自己的老闆，就是要尋找談話的共同點，建立彼此相容的心理基礎。如果你提出的是補充性建議，就要首先從明確肯定老闆的框架開始，提出你的修正意見，做一些枝節性或局部性的改動和補充，以使老闆的方案或觀點更為完善，更有說服力，更可以有效地得以執行。

如果你提出的是反對性意見呢？有人會說：這到哪裡去找共同點？其實不然，共同點不僅僅局限於方案的內容本身，還在於培養共同的心理感受，使對方願意接受你。

而且可以說，你越是準備提出反對，越有可能招致敵意，因而越是需要尋找共同點來減輕這種敵意，獲得對方的心理認同。此時，雖然你可能不贊成主管的觀點，但一定要表示尊重，表示你經過理性的思考。你應該設身處地地從老闆的立場出發來考慮問題，並且以充分的事實材料和精當的理論分析作為依據，在請教中談出自己的看法，在聆聽中對其加以剖析。只要你有理有據，老闆一定會心悅誠服地放棄自己的立場，仔細傾聽你的建議和看法。在這種情況下，老闆很容易被說服而採納你的意見和建議。

請教會增加老闆對下屬的信任感，當你用誠懇的態度來進行溝通的時候，老闆會逐漸排除你在有意挑刺，你對老闆不尊重等這些猜測，逐漸瞭解你的動機，開始恢復對你的信任。

所以，低姿態的方式不僅僅是一種手段，而且是一種態度。你越會充分地運用這種方法，就越有可能贏得上級的心。

虛心地接受老闆的指導和批評

聰明的員工都懂得掌握主管的心理。他不會重蹈覆轍，即使失敗，也會積極地藉由主管的責罰或教訓作為事後的警惕。這種部下在主管的眼中，當然也是很可愛的類型。做主管的，總希望得到部下的信賴和敬愛，身為部下的應該懂得這一點。

讓主管覺得他是被信賴和敬愛著，最直接的表現是部下很願意聽他「教訓」。一個主管不願給予責罵的下級，通常不是極優秀的人才，就是不被重視的人。「責罵」事實上也含有忠告、指示和鼓勵的意味。因此，被責罵時應該心存感謝，不辯解地低首傾聽。同時切記，眼睛不可隨意飄動，姿勢要始終保持如一。這樣即使做錯事情，主管還是會覺得你是可原諒的。

下屬能完全接受教訓，理解主管的「苦心」，而且積極地謀求改善，還對教訓心存感謝。這對主管而言是再高興不過的事，因為在這個瞬間，讓主管深切地感受到他的價值，並且得到指導人的成就感和滿足感。如果做下屬的人在面對主管的教訓時，表現一副很不耐煩的態度，或有一句沒一句地辯駁，不僅無法理會主管的苦心真意，還會招惹主管的嫌惡。所以，對主管的訓斥，最好的應對態度是「沒有理由」。

受批評甚至受訓斥，與受到某種正式的處分，懲罰是很不同的。在正式的處分中，你的某種權利在一定程度上受到限制或剝奪。如果你是冤枉的，應該認真地申辯或申訴，直到事情明白為止，進而保護自己的正當權益。但是受批評則不同，即使是受到錯誤的批評，使你在情感、自尊心上，在周圍人們心目中受到一定影響，但是你處理得好，不僅會得到補償，甚至會收到更有利的效果。相反地，過於追求弄清是非曲直，反而會使人們感到你心胸狹窄，禁不起任何誤解，人們對你只能戒備三分了。

沒有人會無緣無故發脾氣，批評別人，老闆之所以批評你，自然是你犯了某種錯誤。要處理得好，你就要坦誠接受老闆的批評。

首先，要知道老闆批評你什麼。老闆批評或訓斥部下，有時是發現了問題，促進糾正；有時是出於調整關係的需要，告訴被批評者不要太自以為是，別把事情看得太簡單；有時是與部下保持或拉開一定的距離，突出自己的威信和尊嚴；有時是為了「殺一儆百」，讓不該受批評的人受了批評，代人受過。總之，知道老闆批評你的原因，你就可以把握情況，從容應對。

其次，虛心接受老闆的批評。受到老闆的批評時，最需要表現出誠懇的態度，顯示出你從批評中確實學到了什麼，明白了什麼道理。正確的批評有助於你明白事理，改過自新，並且以此為戒；錯誤的批評也有可接受的出發點，因此批評的對與錯本身並無太大的關係，關鍵是對你的影響如何。你處理得好，會成為有利的因素，會成為你前進的動力，如果你不服氣、發牢騷，你這種態度很有可能引發負效應，使你和老闆的感情拉大距離。老闆認為你「批評不起」「批評不得」時，也就產生「用不起」「提拔不得」的反感情緒。所以，必須正確看待老闆的批評。受到批評不是壞事，透過受批評的過程，你才可以更瞭解老闆，接受批評可以表現你對老闆的尊重，這可以作為和老闆拉近距離的途徑。

最後，不要把批評看得過重。不要因為老闆的一次批評就覺得自己一切都完了，從此一蹶不振，那樣會讓老闆看不起。如果你把每次的批評都看得太重，甚至耿耿於懷，總是不服氣地在心裡較勁，以後老闆可能再也不會批評你，因為他不會再信任和重用你。

老闆面前「會說話」

許多在同事、親友面前滔滔不絕的人，一到主管面前便結結巴巴的，甚至語不成句，許多想好的話也不知從何說起。造成這種情況的原因很多，如上下級地位的差距，客觀上造成感情上的距離，人們擔心自己的「命運」「前途」掌握在老闆手裡，若講話出了差錯，會影響今後的發展。會說話的人，在主管面前泰然自若、有理有節。

有一次，拿破崙得意地對他的秘書說：「布里昂，你也將永垂不朽了。」布里昂聽了這句話，不知是什麼意思。拿破崙看著他，進一步解釋道：「你不是我的秘書嗎？」這句話的意思是說，布里昂可以因沾他的光而顯名於世。

布里昂是一個非常有自尊心的人，他不願意接受子虛烏有的恩惠，但又不便直接對拿破崙的話加以反駁或者拒絕。於是，他反問道：「請問亞歷山大的秘書是誰？」

這句話問得十分「刁鑽」，拿破崙沒料到布里昂有這一手，他愣了一會兒。然而，拿破崙畢竟是英雄胸懷，他沒有責怪布里昂，而是為他鼓掌喝采：「好，問得好！」

「請問亞歷山大的秘書是誰？」布里昂十分巧妙地暗示了拿破崙，亞歷山大名垂史書、風流千古，但是他的秘書卻鮮為人知，拿破崙的名氣再大，也不會讓他的秘書布里昂顯名於世了。巧妙的暗示以及巧妙的拒絕，使拿破崙明白了自己的失言，又維護了雙方的尊嚴。這種機智的部下，自然能贏得主管的信賴和賞識。

與主管說話是要注意分寸的。講話的時機、場合、方式不當，語言不得體，或者語言不謹慎，信口開河，都會惹來主管的反感。相反地，如果和主管說話，可以做到邏輯嚴密，語言得體、幽默而不失莊重，會贏得主管的好感。

老闆面前如何會說話，說好話？可以從說話態度、說話方式、語言風格等方面不斷修練。

與老闆交談的時候，不可鋒芒畢露。

君子藏器於身，待時而動。你的聰明才智需要得到老闆的賞識，但是在他面前故意顯示自己，不免有做作之嫌。老闆會因此而認為你是一個自大狂，恃才傲慢、盛氣凌人，而在心理上覺得難以相處，彼此之間缺乏一種默契。與老闆相交，須遵循以下原則：尋找自然、活潑的話題，令他充分地發表意見，你適當地做一些補充，提一些問題。這樣，他便知道你是有知識、有見解的，自然而然地瞭解了你的能力和價值。

不要用老闆不懂的技術性較強的術語與之交談。這樣他會覺得你是故意難為他，還可能把你看成書呆子，覺得你缺乏實際經驗而難委以重任。

與老闆交談，不可誇大其詞、說大話。弄虛作假者，往往失信於人。透過欺騙老闆而暫時得到的好感和榮譽是不可能長久地維持下去的。當然，誠實有誠實的藝術，一般要考慮時機、場合、老闆心情、客觀環境等因素，否則誠實也會犯錯，招致老闆的反感和不滿。

無論是誰，都會喜歡聽一些話，而討厭聽另一些話，喜歡聽的就容易聽進去，心理上就會覺得舒服。你的老闆也不可能擺脫這種情緒。部下要掌握老闆的特點，倘若在彙報中插入一些老闆平素喜歡使用的詞，就會讓他另眼相看。

此外，對老闆的工作習慣、業餘愛好等都要有所瞭解。如果你的老闆是一個體育愛好者，你就不應該在他的球隊比賽失敗後，去請示一個需要解決的問題。一個精明老練的、有見識的老闆，很欣賞瞭解他並且可以預知他的願望與心情的下屬。

提升自己，做老闆最需要的人

只有隨時讓人需要，才可以在別人心中有地位。在工作中也是如此，你所能做的就是一直完善自己，使自己變得不可替代。如果你的公司離了你而無法運轉，你的地位就是最高的。

這就是我們在工作中要做的，讓老闆知道，失去你，對他來說是一種損失，因為你是別人不可替代的。當然，要確實做到沒有人可以替代你，不是一件簡單的事。所以，在工作中你要有意識地培養獨立工作的能力，工作上的事不要依賴別人，而是要可以獨當一面。這樣，你才有存在的價值。

你要讓老闆看中你以下的優點：

敬業：認真地對待每份工作

一個人的工作是他生存的基本權利。能力不是主要的，只要有敬業精神，同樣會做得出色。把握每一個表現自己的機會，爭取更高的職務。不要逃避責任，要主動承擔責任。當別人舉棋不定時，你要果斷地做出決策。老闆最喜歡的一個特質就是：願意做決定，並且承擔責任。

學習：學習也是工作能力

文憑只代表你過去的教育程度，它的價值只會表現在你的底薪上。想要得到器重和提升，就必須從小學生做起，積極主動地尋求新的知識。想好你希望獲得的工作，開始充實自己。把握公司的在職訓練機會，或進修課程。你也可坦白地告訴老闆你希望學習哪一項職務，並且感激他的協助。

專業：人才的價值是專業

你要讓老闆真正地感悟到你是人才，還應該在你的專業技能上下功夫。切記，你的智慧表現在專業技術的水準高低上。

隨時記住老闆的觀點，試著從老闆的角度看他的工廠、公司或商店，像你的老闆一樣關心公司的利益。調整你的心態，為老闆、主管設身處地地設想，你就會努力思索如何提高產能，降低成本，增加銷售額，創造更大的利潤，你也會發現自己對於如何達成這些目標有源源不斷的靈感。

創意：創意比知識更重要

資訊時代是物質性極弱的時代，非物質需求成為人類的重要需求，資訊網路的全球架構使人類生活的秩序和結構發生了根本變化。人才，尤其是資訊時代所需的人才，最重要的是智慧。

讓你的熱誠及想像力起飛。不要放過荒謬或大膽的想法。不要讓思想消極的人用這些話阻撓你：「從來沒有人這麼做……」你有足夠的理由去嘗試。從你現在的工作開始，思考：如何做得更快、更好、更有效率？哪些流程可以簡化或合併？如何以更低的成本做出更優良的產品？你的努力必須是出於至誠，不要虛偽做作或逢迎諂媚。如果你真心地幫助公司，主管自然不會忽視你，並且會加倍欣賞和肯定你，你也可以在其中得到很大的滿足感。

個性：不循規蹈矩地做事

人才更多的是指一種心態，是指與傳統思維完全不一樣的那種人。真正的人才不是看他學了多少知識，而是看他是否可以承擔風險，不循規蹈矩地做事。

合作：聰明人的交叉激勵

一種合作的文化，在資訊流的增強之下，就會使公司的聰明人彼此發生可能的聯繫。當公司擁有一定數量的高智商人才並且可以良好合作的時候，其能量水準將會衝出一條路。交叉的激勵產生新的思想——那些不太有經驗的雇員也會因此被帶動到一個更高的水準上。

—第二章—

如何得到同事的喜愛？

試著成為受歡迎的人

被同事孤立的滋味不好受，被孤立的原因也是五花八門。但每個感到孤立的人都可以想一想，為什麼被孤立的是自己而不是別人？

上班之後，每天和我們相處時間最長的人是誰？不是伴侶，不是父母，而是同事。早上一睜開眼，便匆忙趕去與他們見面；直到夜幕低垂，才滿臉倦意地互道「再見」。出來做事的頭一天，父母都要千叮嚀萬囑咐：在外面，講究的是一團和氣，和同事抬頭不見低頭見，千萬別生嫌隙。但人算不如天算，儘管你小心翼翼地維護著和同事的關係，但是有一天卻仍可能驚奇地發現，自己怎麼被同事孤立起來了。

除了遇上一些天生善妒的小人以外，大多數時候，自身的一些缺點是導致被孤立的主要因素。在公司裡，飛揚跋扈的人、搬弄是非的人、打小報告的人、愛出風頭的人，都是被孤立的對象。假如你被孤立了，趕快檢查一下，自己是不是這幾類人？以下，我們透過三個例子歸納被同事孤立的原因及解決之道：

因為薪水過高

黃曉燕自從進了現在這家公司後，就一直被同部門的兩個女同事孤立。每天上下班，黃曉燕都會向她們微笑、打招呼，但她們總是面無表情，裝作沒看見。每每這個時候，黃曉燕的微笑就一下子僵在臉上，別提多尷尬了。

平時，她們也不和黃曉燕講話，有時黃曉燕湊過去想和她們一起聊天，結果她們像商量好的一樣，立刻閉上嘴巴，各做各的事情去了，丟下黃曉燕訕訕地站在一邊。

在這種環境下工作，黃曉燕的鬱悶可想而知。後來，她才迂迴曲折地從其他同事那裡聽到一點風聲：自己雖然初來公司，但薪水卻比這兩個女同事高出一大截，於是引來她們的忌恨。

黃曉燕對現在的工作非常滿意，不僅輕鬆，薪水待遇也很稱心。她不想因為同事不和就犧牲了工作，可心頭的煩惱卻一天甚似一天。

解決之道：堡壘都是從內部攻破的，想不被人孤立，關鍵在於打破敵方的統一戰線。黃曉燕可以找機會多接近兩人之中比較好說話的那個，經常讚美她的服飾、氣色，聊聊家常；另一個就只打招呼少說話。時間長了，她們的陣營自然就被分化了。但是使用這一計，必須有十足的耐心。

因為弄錯角色

趙蕾在一家公司從事財務工作，財務部只有主任、出納和她三個人。主任不管業務，出納去年才憑關係進來，於是部門所有的工作幾乎都壓在了趙蕾身上。出納只做有關現金的工作，連最基本的報銷都不管，但主任從來不說半個「不」字，因為他有靠山。

在老闆的縱容下，出納工作極其馬虎。相反地，趙蕾做事努力盡心，可到最後總是吃力不討好。主任有時候還會暗示趙蕾，她對工作太認真，把事情都默默地做完了，不等於把他架空了嗎？

趙蕾心裡直呼冤枉。主任動不動就甩手把所有的工作都推到她一個人身上，把她累得幾乎趴下。到頭來，卻埋怨她太能幹。趙蕾感到自己簡直裡外不是人。

現在，主任和出納都明顯地表現出不喜歡趙蕾，平時兩人總是有說有笑、有商有量，單單把趙蕾排除在外。趙蕾為此鬱悶不已。

解決之道：被同事孤立時，我們也應從自身找找原因。如果一個人不喜歡你，可能是他不對；如果所有人都不喜歡你，也許問題就出在你身上。趙蕾對工作兢兢業業，為什麼不被主任肯定？很可能是她平時有些越級的舉動，令主任不滿。她很想把財務部工作做好，可是三個人中就只有她有這個意識。由此可以看出，她把自己的角色弄錯了。做好部門工作是主任的事情，作為下屬，應該配合上級完成這個目標，而不是代替上級去思考。她在言談中，對主任頗為鄙視，主任對此怎麼會沒有察覺？看來，趙蕾還是應該先擺正自己的位置。

因為太出風頭

許明明是一個精明能幹的女子，年紀輕輕便受到老闆的重用。每次開會，老闆都會徵求她的意見。她的風頭如此之足，公司裡資格比她老、職級比她高的員工多多少少都有些看不下去。

許明明觀念前衛，雖然結婚幾年了，但打定主意不要孩子。這本來只是一件私事，但卻有好事者到老闆那裡吹風，說她官欲太強，為了往上爬，連孩子都不生了。這個說法一時之間傳遍了整個公司，許明明在一夜之間變成「當官狂」。

此後，許明明發現，同事看她的眼神都怪怪的，和她說話也盡量「短平快」，一道無形的屏障隔在了她和同事之間。許明明很委屈，她不是大家所想的那麼功利呀，為什麼大家看她都那麼不屑。

解決之道：在職場中鋒芒太露，又不注意平衡周圍人的心態，有這樣的結果不奇怪。許明明並非目中無人，只是做人做事一味高調，不善於適時隱藏自己的鋒芒。只要她能真誠地對待同事，日子久了，他們自然會明白，這就是她的真性情。

不做團隊裡的「異類」

團隊是一個大機器，員工就好比每個零件，只有各個零件凝聚成一股力量，這台機器才可能正常啟動。這也是同事之間應該遵循的一種工作精神或職業操守。其實生活中不難發現，有些企業因為內部人事鬥爭，不僅企業本身「傷了元氣」，對整個社會輿論也會產生不良影響。

員工作為企業的一員，一方面要有自己的個性，另一方面也要很好地融入集體，而這種協調和統一很大程度上來自於人的協調和統一。所以，無論自己處於什麼職位，首先需要與同事多溝通，因為你個人的視野和經驗畢竟有限。況且，隨著社會分工的越來越細，這種溝通協調也是必須的。不要脫離團隊獨斷獨行，有問題應該開誠布公，拿出來大家一起討論，提倡各抒己見、百家爭鳴、群策群力、求同存異。

事實上，每個團隊的成員對自己的實力非常認可，所以時常會有某些人背離團隊的決策，甚至導致各種問題。

心計學

曉蔚是一位室內設計師，在一家很有名的家居設計公司工作。由於她對家具擺設有獨到的眼光，運用空間有巧妙的構思，使得她的設計相當受客戶的歡迎。

但是在這行做了三年多後，她逐漸發展出其他的興趣，就是裝潢所用的織品——家具和壁毯所用的質料和織法，「只要用對了，整個房間就會變得很有味道，也會很雅致」。她覺得這種興趣沒有脫離本行，研究一下也無妨。

然而，由於太過沉迷於織品設計，她反而忽略室內設計的工作。儘管曉蔚在公司工作，團隊裡的其他設計師都提醒她要注意自己的本職，然而她自己卻認為這件事只是她工作範圍的延伸。為了要深入瞭解這些織品的製造，她還自費到織品的生產廠家考察。

然而，織品的學問卻很大，瞭解一些不同的織品質料結構，只是入門而已，還有更多的東西要學習、要瞭解。曉蔚發現自己所畫的和所想像的，與實際的織品不同，但是她很有毅力，投入了很多精力。雖然她仍然在從事原來的室內設計工作，但是她所投入的心思已經不如從前。公司的同事甚至主管多次提醒她，公司的主要方向是進行室內設計和裝潢，不準備涉足裝潢用品設計。然而，她卻堅持獨斷獨行，甚至私下找工廠生產她設計的織品，認為這樣可以給自己、給公司帶來新的天地。

但是事與願違，織品設計不像她所想的那麼簡單，她還得知道流行的趨向，大眾的口味，市場所需要的質和量，以及合理的價格。雖然技工能製造出完全符合她設計的成品，但是她設計的產品卻無法獲得消費者的喜愛。銷售經理反覆地告訴她：「沒有人可以把這種垃圾賣出去！」

雖然織品生產的耗費由她自己承擔，公司沒有損失，但是她室內設計的工作也出了問題，幾個客戶需要她的時候卻找不到她。她對這份工作的漠不關心，使得客戶們異常氣憤，以致她的口碑越來越糟，客戶們都知道她不可靠，沒有人願意再請她設計。這甚至影響到了整個公司的信譽，害得公司客戶量下滑，進而引起了老闆的不滿。最後，雖然她在室內設計上有不可多得的才華，老闆也必須把她這種不考慮團隊目標，固執己見，獨斷獨行的人請出公司。

在一個團隊中，個人沒有做到與團隊一致，就會影響到整個集體。個人的決策又經常會因為考慮不周出現許多問題。所以，不論你是決策制定者之一，還是僅僅是團隊中的一份子，跟隨團隊的步伐，才可以保證最大的團隊效益，與隊友建立良好的關係。

不做沒有意義的爭論

一個人擁有才智固然可敬，但才智絕不是用來「爭強好勝」的。一個修養高深的人，是不會與人計較一事之短長的。

羅斯福總統對於他的反對者總是和顏悅色地說：「親愛的朋友，你到這裡和我爭執這個問題，真是一個妙人！但是在這一點上，我們兩個的見解不同，讓我們來講一些其他話題吧！」然後他會施出一種誘惑的手段，使對方放棄自己的意見，而去接受他的觀點。

這的確是一個好方法，無論那些成功的人採用什麼方式去駕馭別人，我們可以注意到的是，他們的第一步是「避免爭論」，他們的策略是以「迎合別人的意志」及「避免反對意見」來感動人的。

面臨任何一種反對意見，你應該先自己打算：「關於這一點，我是否可以在無關大局的範圍中讓步？」為了使人家順從你的意見，可以盡量表示「小的讓步」，有時為了避免這種反對，你甚至還可以將自己的主見暫時收回一下。如果你遇到特別反對你的主要意見的人，最聰明的方法還是把這個問題延緩下去，不必立求解決。一方面使對方得到重新考慮的機會，一方面也使你自己有重新決策的機會。

在會議室裡，你可以因為不滿意一個方案而反覆與人爭辯，甚至爭得面紅耳赤、拍桌頓足，因為你把你的意見陳述了以後，還有其他同事可以考慮你的意見。這是關係大眾的權益，值得你用全部精力去爭取。可是在私人談話中，你就千萬不可如此了。譬如你昨天和一個朋友爭辯了一個下午，你說寫一首現代詩應該要押韻，讀出來才有音樂的節奏；你的朋友反對這個理論，他說和諧的節拍就是詩中的韻律，刻板地押韻，則會損害詩的本質。你們爭辯了半天，除了彼此的悶悶不樂，還有什麼更好的結果？爭辯是浪費時間。你們各自去寫自己喜歡寫的詩好了，詩並無一定的形式，各人可以有各人的見解。

許多事情沒有幾件是值得我們拿友誼的代價去爭辯取勝的。如果你偏偏這樣做，等於你的精力和時間都不值一錢，更不要說感情損害的方面了。

除了彼此都可以虛心地、不存任何成見地在某一個問題上討論之外，一切的爭辯都應該避免，即使這是一個學理的爭辯。雖然你可以為學術問題而爭辯，足以表示你治學的精神。譬如哲學，有些理論爭了兩千餘年，至今還沒有定論；心理學的爭辯也至少有幾百年，現在仍然不分高下；甚至自然科學，「生物發生說」的論爭，至今無人敢肯定地說哪一派才正確。你有什麼比這些更大的題目、更高深的學問根底，以及更長的時間作口頭上的爭辯？就算有，你可以選擇著書立說來發揮你的主張，而不必在談話中作沒有意義的爭辯。

是否你用議論壓倒了對方，就會給你帶來很大的利益？當然不會，首先在雙方都固守己見的時候，你未必能壓倒對方。其次，即使對方表面屈服了，心裡也必悻悻然。你不僅一點好處都得不到，而且害處還很多。第一，使你損害了別人的自尊心，讓別人對你產生反感；第二，使你容易養成挑剔別人錯漏的惡習；第三，使你變得驕傲；第四，你會因此失去所有朋友。

你可以實現你的主張，你可以影響別人的計畫，但不應該用爭辯的方法來實現。如果你想借某一問題來增加你的學識，你就應該虛心求教，不可借助「爭辯」來達到目的。如果你可以經常尊重別人的意見，你的意見也必然被人尊重。這樣，你所主張的，就會得到別人的擁護，而不必把精力花在無益的爭辯上。

人的行為與心境是交互影響的：如果你腳步輕快，心情必然是輕鬆的；不管和什麼人交談，只要你保持眼光跟對方平行，精神壓力就會減輕許多，這是與人打交道的一個秘訣。

有功勞的時候，應該與別人分享

在任何時候，獨享榮耀都會很容易激起別人心中的不滿，並且使其心生恨意。

大家都為一個目標在努力奮鬥時，不料讓你搶先得到這個惹人眼紅的功勞，於是相比之下的其他人就明顯比你矮了很多，你的存在也不時地給別人造成威脅，儘管你並未做任何傷害別人的事，但又有誰還願意跟一個讓自己沒有安全感的人在一起共事？自然而然地，獨自享有榮耀，還心安理得地把高帽子往自己頭上戴的人終究是會成為孤家寡人的，更何談與人合作？所以，當你和大家一起做出成就時，千萬別獨享榮耀，要懂得與別人分享。

有一位編輯很有才氣，他編輯的雜誌很受歡迎。有一年他得到大獎，一開始他還很快樂，但過了一個月，卻失去笑容。他說，社裡的同事，包括他的主管，都在有意無意間和他作對。

這是為什麼？原因是他犯了「獨享榮耀」的錯誤。事情是這樣的：他得了大獎，老闆還另外給了他一個紅包，並且當眾表揚了他的工作成績。但是他沒有現場感謝主管和屬下們的協助，更沒有把獎金拿出一部分請客，所以大家雖然表面上不便說什麼，但心裡卻感到不舒服，和他產生隔閡，於是就和他作對了。

就事論事，這份雜誌之所以能得獎，這位編輯貢獻最大，但是當有「好處」時，別人不會認為哪一個人才是唯一的功臣，總是認為自己「沒有功勞也有苦勞」。所以他「獨享榮耀」，就會讓同事不舒服。他的主管更會因此產生不安全感，害怕失去權力，於是為了鞏固自己的地位，主管自然不會給這位編輯好日子過了。由於受不了主管的白眼以及同事間關係的冷漠，兩個月以後，這位編輯就辭職了。

這位編輯造成最後這種局面的根源就是在於他忽略別人的感受，只知道傻乎乎地獨自抱著榮耀不放，以致最終失去人緣，不得不離開公司。

岳飛是宋朝時期著名的軍事家和謀略家，他是一個平時作風很低調和謙虛的人。

岳飛治軍極嚴，平素注重操練和校閱，與士兵們同甘共苦。每次軍隊駐紮休整時，岳飛都會訓練將士從斜坡上騎馬急馳而下跳躍壕溝，並且讓大家穿著厚重的鎧甲練習。一次，他的兒子岳雲因為練習從斜坡上騎馬急馳而下，一不留神，馬被絆倒，岳飛就生氣地鞭打了他。打仗時，岳飛都衝鋒在前，自己擔任「旗頭」，成千上萬兵將的動止進退，唯「旗頭」是瞻，每次都是勇往直前。打了勝仗，朝廷封賞時，岳飛總是說：「全軍將士出力，功勞是大家的，我沒有什麼功勞」，並且將犒賞平均分給部下軍吏，自己不拿一絲一毫。

士兵夜間宿營，老百姓自願打開屋門讓他們進屋休息，但是沒有一名士兵敢進民屋。岳家軍號稱「凍死不拆屋，餓死不搶掠」。一次，一名士兵拿了百姓的一縷麻去捆餵牲口的草，岳飛立即將他斬首以警告其他士兵。士兵有病，岳飛親自為他們調藥。將領們遠征，岳飛的妻子詢問並且慰勞將領們的家庭。將士戰死，岳飛傷心地哭泣，並且養育他們的孤兒，或者讓兒子娶陣亡將士的女兒為妻。

正是岳飛的這種賞罰分明、以誠待人的作風感動了部屬，所以岳家軍的全體官兵，在平時都嚴守紀律，在戰時都樂於效命，具有極強的戰鬥力。金兵的鐵騎，多次以排山倒海的密集隊形，企圖衝垮岳家軍的陣容，結果都沒有成功。他們連聲驚歎說：「撼山易，撼岳家軍難！」

由此可見，把功勞和榮耀送給別人是一個聰明的做法，獨自貪功是自私和愚蠢的，會給你帶來人際關係上的危機。

你得到榮耀的時候，必須做好幾件事：

（一）感謝。感謝同事的鼓勵、幫助和合作。不要認為這都是自己的功勞，尤其要感謝主管，感謝他的提拔、指導、授權。如果實際情況果真是如此，你的感謝就是應該的；如果同事的協助有限，主管也不值得恭維，你也有必要感謝他們，這樣做雖然勉強一些，卻可以避免使你成為靶子。

（二）分享。口頭上的感謝事實上也是一種分享，這種分享可以無窮地擴大範圍。另外一種是實質的分享，別人也不是要分你一杯羹，但是你主動地分享卻讓旁人有受尊重的感覺。如果你的榮耀事實上是眾人鼎力協助完成的，你更不應該忘記這一點。實質的分享有很多種方式，小的榮耀請吃糖，大的榮耀請吃飯。分享了你的榮耀，就不會有人和你作對了。

（三）謙卑。人往往會一有了榮耀就「忘了我是誰」地自我膨脹，這種心情是可以理解的，但旁人就遭殃了，他們要忍受你的囂張氣焰，卻又不敢出聲，因為你風頭正勁。可是慢慢的，他們會在工作上有意無意地抵制你，不與你合作，讓你碰釘子。因此，有了榮耀，卻要更謙卑。別人看到你的謙卑，會說：「他很客氣！」就不會找你麻煩和你作對了。

謙卑的要領很多，但做到兩點就差不多可以了：第一，榮耀越高，頭要越低；第二，別再提你的榮耀，再提就變成吹噓了。

把握住這兩點，你下次再獲得榮耀以後，就不會再平白遭受委屈和排擠了。

取長補短，優勢互補

想想俄羅斯方塊的遊戲規則吧：取長補短，查漏補缺。遊戲如此，同事之間相處又何嘗不是如此？

《呂氏春秋》中記載了一種前腿如鼠，後腿如兔的奇怪動物——蹶，長短不一的腳使牠舉步維艱。但是牠卻經常利用自己的利齒採噬植草給一種叫蛩蛩距虛的動物，這種動物雖然沒有利齒，卻有強壯的四肢。於是山火來時，蛩蛩距虛就把蹶負於背上共同逃難。

大自然中的小動物往往給我們許多智慧啟示，取長補短是生存的法則，也是我們獲取成功的不二法門。

心理學家羅傑斯認為，每個人都生活在一個以自我為中心又不時變動的經驗世界裡。一個人只有保持對自己的經驗開放，不斷跟其他人進行碰撞，他的自我才會變得無限豐富。

歌德與席勒就是這樣的，年長成熟的歌德給了席勒安定的呵護，年輕激越的席勒給了歌德新的創作熱情，於是《浮士德》躍出水面，它的光焰穿過歷史的黑暗點亮了今天的天空。倘若沒有魏瑪城中的相遇、相知、相輔相成，歌德也許仍限於瑣雜的政務中，而席勒也許已在困窘的生活面前湮沒無聞。無法想像，沒有他們，十九世紀的文化星空將會黯淡到何種地步。

微軟公司的兩位創始人——比爾·蓋茲和保羅·艾倫，兩個人的興趣、個性迥異。與善於捕捉市場、為人高調的蓋茲不同，艾倫更熱衷於技術，而且十分低調。就這樣，一個「攻城掠地」，一個「保障有力」，兩個人珠聯璧合，共同鑄就了微軟帝國的輝煌。

在當今社會，完成任何一個稍具規模的任務，都需要和眾多的人員、資源打交道。此時，秉性各異、資源不同的夥伴可以形成優勢互補，帶領彼此走得更快、更遠。

大家一起往前走的時候，就像玩俄羅斯方塊一樣，相互之間難免遇到擠壓、碰撞，但是我們只要找到長短相補的地方，就一定能築起共同的新高度。

多同流，少合汙

在現代職場上，幾乎所有的公司都存在著兩種組織形式。在一個公司內部，由上至下，有總經理、部長、部門經理和員工，這種組織形式像一個金字塔形，它是有形的和正式的，對於絕大多數白領來說，他們承認這種組織形式的作用。除此之外，在自己公司內部同時還存在著另一種形式的組織，這類小圈子雖然是無形的和非正式的，但它對公司每個員工產生的影響，在某種程度上不亞於那種正式有形的組織。例如，你在辦公室過於積極或過於落後，一些同事就會排斥你，在工作中給你製造障礙，逼得你與他們「同流合汙」，因此你只能隨波逐流。這就是那個非正式和無形的組織產生的作用。

人們常說關係網，也就是說人際關係像條漁網。是漁網就有經有緯，有縱有橫，缺了哪方面都不行。如果把那種正式的有形的組織形式比做縱向的「經」，這種非正式的無形的組織形式則是橫向的「緯」。如果你在工作中眼睛只盯著主管，只注意工作中上下級這種縱向的關係，而忽視與同事之間這種橫向關係，就很難打好與同事之間的關係，如果與同事打不好關係，你一樣很難做好自己的工作。

很多人都有這樣的經驗，如果一個人在服飾、言行等方面獨樹一幟，無法與集體中大多數人的方向和水準保持一致，就很容易引起同事的「另眼相看」。「槍打出頭鳥」是中國人傳統，也是因為人們總是會對比自己優異和突出的人產生嫉妒和排斥心理。所以，一定不要以自我為中心，應該保持收斂、低調、謙虛、謹慎的作風。

蕊蕊是一個愛漂亮又獨立性強的女孩，因為剛到新公司上班，因此更加注重自己的形象了，每天打扮得很入時，並且力求標新立異，不隨波逐流。可是，蕊蕊也很鬱悶，自己到新公司都兩個月了，還是不能和同事接近，甚至大家總是用異樣的目光盯著她。她不明白自己究竟做錯什麼了。

有一天，蕊蕊實在忍不住，悄悄地問辦公室的一位大姐，得到的答案讓她大吃一驚。「你怎麼不明白，我們公司的人都很保守，你每天打扮得花枝招展，誰看得慣啊！」蕊蕊一看，可不是嘛？大家都穿著很專業的套裝，顏色也很正統，只有自己在辦公室裡顯得很鮮豔。於是，蕊蕊按照大姐的囑咐換了裝束。第二天，她穿了一身普通的裙裝，並且堅持把那些漂亮衣服放到了櫃子裡。很快，蕊蕊就和同事打成一片了。

實際上，蕊蕊在做事方法上也沒多大改變，只是在穿著打扮上和大多數人保持一致。她就這樣輕而易舉地得到大家的承認。總之，重要的是你的口味是否可以讓大多數人接受。

推而廣之，在職場上也一樣。你一直生活在自己的世界裡，突然被推到一群陌生的同事當中，你的確面臨一個艱難的選擇：是保持自己的個性，還是盡快融入這個還陌生的環境？你可能會覺得與其跟一大幫無趣的人混在一起，還不如堅守自己的空間。於是，你堅持「三大原則」，不和同事做朋友，不和同事說知心話，不和同事分享秘密。每天例行公事後，就埋頭看書，與同事的關係越來越疏遠。但是，你逐漸發現自己的工作越來越困難，雖然自己誰也沒得罪，可是一些負面評價總是陪伴在你左右。最後，你才明白，其實人的最本質的屬性就是社會性。人們總是尋求同類、排斥異己的。所以，與同事多「同流」會幫助你盡快擺脫困境。作為白領，不管你情願不情願，你必須與自己辦公室的那些小圈子裡的人「同流」，因為不管你看不看得慣，他們都存在，他們都會對你的工作產生影響。所以，即使看不慣同事之間的小圈子，你也要習慣與這種小圈子打交道，敬而遠之不是一個好辦法。

當然，多「同流」只是一個方面，少「合汙」才是最重要的。如果一群同事總是算計著老闆的資財，整天想著怎麼把公司的錢多貪點，你最好遠離他們。因為「同流」是有前提的，那就是不影響公司利益，不毀損個人形象。說白了，就是那些無關緊要的事情上，多「同流」是沒有壞處的；但是在大是大非的問題上，一定要保持立場，因為一旦出了漏子，不是你所能控制得了的。因此，你要切記幾個原則：一是你不能對不是圈子外的同事採取排斥態度，真的「拉幫結夥」；二是如果這個圈子真的開始「結黨營私」、謀取私利，比如統一口徑、虛報加班費等，你就要與他們保持一定的距離。

盡量遠離流言蜚語

我們經常被別人誤會和指責，如果你事事都去解釋還擊，往往會使事情越鬧越大。不妨把心胸放寬一些，不去理會，難得糊塗，睜一隻眼閉一隻眼，這才是最好的解決方法。

某公司的幾個女同事聚在一起吃午餐，聊著聊著，就開始發揮某方面的專長，批評起這個部門的主管不好，那個部門的主管看起來色瞇瞇的，甚至連董事長的兒子、女婿也難逃一劫，一個一個被拿出來評頭論足一番。

幾個女人七嘴八舌的，東一句西一句，越說越起勁，炮火隆隆。正當她們聊到精彩部分時，看到行政部門的小劉拿著飯盒走過來，就熱情地叫他過來一起用餐。多了位聽眾，女人聊閒話的功力更是發揮到了極致。陳小姐正在批評剛上任的男經理，她悻悻然地說：「哼！什麼都不懂，還總是擺個臭架子，依我看，我們小劉都比他強多了。小劉！你說是不是啊？」

小劉正低著頭吃飯，卻無端地被捲入這場話題裡，感到很無奈。為了阻止這個話題繼續，小劉忽然抬起頭來，望望四周，神秘兮兮地說：「我聽經理說過，他非常欣賞你，還想約你出去看電影，到底他約了沒？」大家聽了，原本一肚子的話頓時卡在喉嚨裡，眾人眼光不約而同地集中在陳小姐泛紅的臉上。這下子，陳小姐成為八卦新聞的最佳女主角。

新上任的經理，人才和品德都出類拔萃，暗戀他的人數不勝數，哪裡會去喜歡一個每天在背地裡說人是非、唯恐天下不亂的女人？這只是小劉為了耳根清淨，虛晃一招。

小劉的這招還真管用，接下來的時間裡，大家都低著頭默默無語，幾個狐疑的目光輪流在陳小姐臉上打轉。說人者人恆說之，陳小姐終於嘗到被人在背後論長論短的滋味了。

八卦製造機成為八卦中的主角，這台機器的運轉功能一定會大大削減。在工作的空檔說一些無關痛癢的是非，可以有效地促進同事間的情誼，為平淡的工作增添一些色彩。但是這種行為一旦變成不實的謠言，就是把自己的快樂建立在別人的痛苦之上。

搬弄是非的人，就是那些把不該傳的話有意傳來傳去並品頭論足的人。雖說「謠言止於智者」，但智者畢竟很少，謠言總是會被不停散播。言者捕風捉影，信口開河；傳者人云亦云，添油加醋；聞者半信半疑，真偽不分；被害者莫名其妙，有口難辯。搬弄傷害別人的是是非非，不是出於嫉妒、惡意，就是為了譁眾取寵、自抬身價。不論是哪種情況，都應視為不光彩的行為。

人與人的交往，
就是心與心的較量！

同樣地，同事間相處，大家整天在一起聊天說話、談論問題的時機多得很，誰能保證這種交談就一點也不涉及人與人之間的關係？又有誰可以做到每說一句話都思考再三，每一句話都是絕對與別人無關，而且對別人一點褒貶都沒有？關鍵是要實事求是、心地純正。同事在特定場合說的話，不能全盤照「搬」；對於同事無意中說出的話也要「不當回事」。

在辦公室裡，一定要做到不聽是非、不說是非、不傳是非、不理是非，任憑再多的流言蜚語，都要裝作不知道。這樣才可以保證自己的職業生涯一路順利，不被一些家長裡短的小事所牽絆。

讓同事說出自己的成就

有些人喜歡在別人面前炫耀自己，總以為這樣就會讓人高看自己，使別人敬佩自己。殊不知，別人不願意聽你吹牛。因為你的得意會襯托出別人的倒楣，甚至會讓對方認為你炫耀自己就是嘲笑他的無能，讓他產生一種被比下去的感覺。特別是失意的人，如果你在他面前炫耀，他會非常生氣，甚至討厭你。

一次，有人約了幾個朋友來家裡吃飯，主要是想藉由熱鬧的氣氛，讓其中一位目前正陷入人生低谷的朋友心情好一些。這位朋友不久前因為經營不善，倒閉了一家公司，他的妻子也因為不堪生活的壓力，正與他談離婚的事，內外交迫，他實在痛苦極了。

來吃飯的朋友都知道這位朋友目前的遭遇，大家都避免去談與事業有關的事。可是其中一位姓吳的朋友因為目前賺了很多錢，幾杯酒下肚，忍不住就開始談他的賺錢本領和花錢功夫。他那種得意的神情，連主人看了都有些不舒服。

那位失意的朋友低頭不語，臉色非常難看，一會兒上廁所，一會兒去洗臉，後來他猛喝了一杯酒，就匆匆離開了。主人送他出去，在巷口，他憤憤地說：「老吳會賺錢，也不必那麼神氣地炫耀啊！」

主人瞭解他的心情，因為多年前他也遇過人生的低谷，無限風光的親戚在他面前炫耀薪水、年終獎金，那種感受就如同把針一根根插在心上一般，說有多難受就有多難受。

如果你不想失去同事或客戶，就要隨時注意把得意放在心裡，而不是放在嘴上，更不要把它當作炫耀的本錢，否則只會令你失去得更多。

法國哲學家羅西法古說：「如果你要得到仇人，就表現得比你的朋友優越；如果你要得到朋友，就要讓你的朋友表現得比你優越。」我們讓同事表現得比我們優越時，他們就會有一種得到肯定的感覺；但是當我們表現得比他還優越時，他們就會產生一種自卑感，甚至對我們產生敵視情緒。

在這個世界裡，那些胸懷豁達的人總能贏得更多的知己；相反地，那些小看別人、高看自己的人總是令別人反感，最終在交往中使自己到處碰壁。

我們必須適當地抑制自己的優越感，收斂銳氣，學會謙虛。只有這樣，我們才會受到別人的歡迎。

卡內基曾經有過一番妙論：「你有什麼可以值得炫耀的嗎？你知道是什麼原因使你沒有成為白癡的嗎？其實不是什麼了不起的東西，只是你甲狀腺中的碘而已，價值不高，才五分錢。如果別人割開你頸部的甲狀腺，取出一點點的碘，你就變成一個白癡了。在藥房中五分錢就可以買到這些碘，這就是使你沒有住在瘋人院的東西——價值五分錢的東西，有什麼好談的！」

第二篇：銷售中的心計學

香港心理學家顧修全博士認為：「成功行銷從心理開始。」即從瞭解顧客的行為與心理規律開始。在銷售過程中，瞭解顧客的消費心理是銷售人員必備的重要素質。如何接見客戶，怎樣與顧客溝通，怎樣挖掘顧客潛在的購買力，以及怎樣快速實現成交，都需要銷售人員的攻心技巧。

銷售中的心計學可以說是一種技巧性更強的心理博弈，銷售人員只有掌握心理學知識，才可以透過觀察顧客的言談舉止和表情變化，瞭解他們的購買心理，進而有意識地採取恰到好處的銷售方法來達到成交的目的。商品銷售過程實質上是銷售人員與顧客進行心理、行為互動和溝通的過程。一個有經驗的銷售人員，可以透過顧客的各種表現，準確把握對方的內心世界。

第一章

尋找有購買意向的潛在客戶

不要試圖說服所有人

在一些針對業務員的培訓課程上，培訓老師會鼓勵我們說：只要信心百倍，就可以說服所有的客戶！這個論斷對業務員的信心是一個極大的激勵，彷彿天下就在我們腳下，客戶就在我們手中，這個世界上只有我們業務員才是真正的霸主。這種激勵對於一個業務員的精神面貌的改變也許有好處，但是在其進行日常業務工作的時候，就會體會到實際情況不是培訓時提到的那樣。

很多剛入行的業務員迫於壓力，也由於急於站穩腳跟，幾乎每天都在外面開發客戶，似乎他遇到的每個人都會成為自己的客戶。也許在你看來，所有的客戶都極有可能接受你的產品或者服務，而且你自己的野心也很大，不放過任何一個可以發展為客戶的人！這對剛入行的你來說，為瞭解市場、早日做出成績是必要的。但事實上，提高業績品質，不僅僅是增加客戶數量這麼簡單，如果不想跑得那麼辛苦卻所得甚少，你就要動動腦筋，想一些策略。

在具體的業務實踐中，如果你對客戶有一個統計分析，就會發現，你的客戶當中有三分之一的客戶是你必須要說服也一定會說服的客戶，另外三分之一的客戶只是僅僅有購買意向的潛在客戶，還有三分之一的客戶卻是你永遠也說服不了的客戶。

這裡就存在一個說服客戶的技巧和順序問題。

我們拿到一大批的客戶名單以後，首先要對所有的客戶資料進行核實，這是許多公司訓練新人的業務談判能力的必修課之一。

在這些客戶當中，有一部分人是真正有交易意向的人，他們的確是希望透過你的橋樑作用達成交易的成功。另外一部分客戶可能暫時沒有交易的意願，但是他們希望和你成為商業夥伴，在其需要交易的時候能找到你，獲得你的幫助，進而實現達成交易的意願。剩下的一部分客戶則是沒有價值的，是已經死去的資訊，他們有的可能已經達成交易，以後也不會再有交易的可能了；有的可能已經更換了電話和地址，舊電話和地址所屬的新公司，和你目前從事的行業已經不相關了；有的撥過去就是空號，公司也人去樓空了，就是能撥通，可能也已經是居家住戶，而不是一家公司。

這三類客戶所佔的比例相當，都是三分之一。

對客戶的篩選，是業務員必須做的一項工作。對於不合格的客戶，一定要懂得放棄。這並非我們的業務能力不行，也不是客戶實在太難對付，而是我們無法預知、抗拒的客觀原因的作用。明白了這一點，你就不會再感到迷惑。

進行「圈地運動」

身為一名業務員，你的主要任務就是爭取更多的客戶。當你接觸到一個新產品，首先要面對的一個問題就是：客戶在哪裡？「客戶」兩個字不會寫在腦門上，也不可能是你跑到街上隨手去抓一個人他就是你的客戶。事實上，客戶是隱秘的，也許他們就潛藏在你不曾注意的角落裡，需要你用心地去發現、去篩選。

如果對客戶的定位不準確，目標消費群體不明確，成功的機會就會很小。尤其對於新入行的業務員來說，沒有客戶的累積，一切都需要從頭做起，更是困難重重。根據統計，從事第一年銷售工作的業務員，有八〇%的失敗是來自於對「消費群體」的定位和對潛在客戶的搜索不確實！

想要提高業績，突破行銷困境，就需要有一定的找客戶的方法。尋找客戶雖然有多種方法可借鑑，但這也與業務人員自身的能力密不可分。

有一位業務員談到他剛入行時的經歷：

「在我從事銷售工作的第一年，對客戶的尋找可謂是波折重重。有一次，在一家客戶那裡，我進行不下於四次的拜訪。然而，我最終確定了報價後，客戶還是覺得根本不可能接受，最終我也沒能說服他，這讓我一度非常沮喪。還有一次正好相反，那是一家外資企業，我僅僅只進行一次拜訪，他們僅僅對我提供的產品做了五%價格折扣就直接簽了合約。也許這只是一種運氣，但是我更願意相信有一些必然的因素在裡面。」

所以銷售工作的失敗，經常是因為業務員缺乏對合格客戶的標準評估，使得對識別潛在客戶產生偏差而造成無法準確的定位，進而在這個客戶身上所投入的時間和精力被浪費，導致業績始終低迷。

相信很多人都會有類似的體驗，這樣的情況見得多了，我們很容易得出一個結論：如果選準客戶，我們會很省力。事實上，客戶名單、聯繫方式、家庭地址等只是簡單的客戶資訊，我們要找的絕不僅僅是這些，更多的是要明確自己的客戶範圍。

由此可見，對客戶進行尋找、調查是多麼重要。

對客戶資料進行分析整理，確定你的客戶範圍，這是成功說服的第一步。在很大程度上，這決定你今後的目標與方向。

記住，你的努力方向與目標的偏差越大，你獲得的成功越小。這正如一項「圈地運動」，如果你圈定的是一塊貧瘠的土地，就永遠不可能獲得豐收。

關於方向的選擇你要明白以下幾點：首先是要選擇正確的行業。你要明確的是，在哪個行業出現了產品的最大需求，或者你的產品與服務本身就是為了哪些行業而設計製造的，因為那些行業擁有較大的需求量和產品接納及購買能力。其次是要明白產品的定位如何，是低端、中端還是高端市場，哪種性質和規模的企業具有這樣的需求能力。再次是要找出誰是最能發揮我們產品與服務價值的客戶，即誰是最好的客戶。

回答了這些問題，對於業務員來說，可以更好地明確自己的進攻方向。

尋找客戶的方法

尋找客戶有很多方法，這需要業務員不斷地去總結、累積經驗，進而形成自己的一套辦法。一般來說，業務員常用的尋找客戶方法有：

掃街尋找法

要發展新的客戶，首先就要對客戶的來源定一下位。例如，你可以到一些客戶比較集中的地方（如工業區、食品城、服裝鞋業等專業市場）進行掃街、掃樓。

當然，在拜訪客戶的同時，更應該做一個比較詳細的記錄，以建立更詳細的客戶資訊。盡可能地留下客戶的電話，瞭解客戶目前的意向。在這個過程中，就要盡可能地和客戶交流，能試用的產品就先讓客戶體驗一下，先拉近關係，然後再根據客戶的意向來推銷產品。在以後的時間裡，還要經常打電話給客戶，與客戶多交流，以便有效地推銷我們的產品。

廣告尋找法

這種方法也比較常用，基本步驟如下：

（一）向目標客戶群發送廣告，介紹產品的功能、購買方式及地點、代理和經銷辦法等。

（二）吸引客戶上門以對其展開業務活動，或者在目的地區域內展開活動，接收客戶回饋資訊等。

相互介紹法

業務員可以透過熟人、親友等社會關係為自己尋找客戶。主要方式有電話介紹、口頭介紹、信函介紹、名片介紹、口碑效應等。既可以透過別人的直接介紹，也可以透過他們提供的資訊進行尋找。

聰明的業務員，會刻意尋找那些具有一定影響力的、聲譽良好的、對自己產品比較認同的、有廣泛人脈關係的人作為自己尋找新客戶的引路人，這樣可以產生事半功倍的效果。

此外，不妨抓住一些重點客戶，讓客戶推薦客戶。這樣把客戶做成朋友，真正實現感情的交流、資訊的傳遞。業務員還可以在自己的業務地區或者客戶群中，透過有償的方式委託特定的人為自己收集資訊，瞭解有關客戶、市場和地區的情報資料等。

資料查詢法

透過資料查閱尋找客戶，既能保證一定的可靠性，又能減少工作量、提高工作效率，同時也可以最大限度地減少業務工作的盲目性和客戶的反抗情緒等。

業務員經常利用的資料有：相關政府部門提供的資料，相關行業和協會的資料，國家和地區的統計資料，企業黃頁，工商企業目錄和產品目錄，電視、報紙、雜誌、網路等大眾媒體或客戶發布的消息、產品介紹，以及企業內刊。此外，還有一些組織可以利用，特別是行業組織、技術服務組織、諮詢單位等，它們手中往往集中了大量的客戶資料和資源以及相關行業與市場的資訊，可以透過諮詢的方式向其索取。

各種活動尋找法

在各個行業，每年都有許多交易會，如中小企業博覽會，可以充分利用交易會尋找客戶、聯絡感情、溝通瞭解。此外，企業的公共關係活動、市場調查活動、促銷活動、技術支援和售後服務活動等，一般都會直接接觸客戶，這個過程中對客戶的觀察、瞭解和溝通都非常深入、有力，因此這也是一個尋找客戶的好方法。

人與人的交往，
就是心與心的較量！

對搜集到的客戶資料進行管理也十分重要。現有的客戶，與企業聯繫過的單位，企業舉辦活動（如公關、市場調查）的參與者，他們的資訊資料都應該得到良好的處理和保存。這些資料累積到一定的程度，也就是一筆財富。

篩選潛在客戶的方法

找到客戶以後，剩下的工作就是要篩選合格的潛在客戶。對消費群體的準確定位，是產品或服務達到良好銷售效果的前提。「工欲善其事，必先利其器」「知彼知己，百戰不殆」，不打無準備之仗，這些都是戰爭中絕好的策略。戰爭如此，想要贏取客戶的訂單同樣如此。

一般來說，合格的潛在客戶必須具備三個方面的條件：

（一）有購買力

（二）有決定權

（三）有需求

這三點相輔相成、缺一不可，只有同時具備這三個條件，才是合格的潛在客戶。對這樣的客戶，才可以進行「銷售四步」的工作，即建立信任、展示產品、巧解異議、促成銷售。

需要注意的是，不要輕易放棄任何客戶群，這是事業成功的關鍵。

有兩個推銷鞋子的人到了一個島上，發現島上的居民都不穿鞋子。其中的一個推銷員就給總部打電報說，此地沒有人穿鞋，沒有市場，我白來了，準備返回。另一個推銷員也給總部打電報說，此地沒有人穿鞋，市場前景非常大。

結果，第一個推銷員放棄了在這個地方推銷鞋子的打算，無功而返。第二個推銷員則透過示範、宣傳等手段說明穿鞋子的好處，最終開闢出一個市場。

由此可見，篩選客戶一定要準確、慎重，否則就可能與潛在客戶失之交臂。

開拓潛在客戶的方法

對很多業務員來說，感到最頭痛也最吃力的事情，就是開拓潛在客戶。其實事情遠遠沒有你想像的那麼困難，你現有的客戶群就可以好好利用。注意分析一下你收集來的客戶資料，你將不難發現，在現有客戶群背後，還隱藏著很多潛在客戶，存在很大的客戶市場，等待著你去開拓！以下，我們就來談談開拓潛在客戶的方法。

首先是「轉介紹」法，也就是讓現有客戶不斷幫你介紹新的客戶。

這是開拓潛在客戶最為有效的方法之一，也是保證你不斷獲得潛在客戶的重要資源。透過「轉介紹」，還可以減少初次拜訪的陌生感，同時又有介紹者的認可，更具說服力，較易贏得潛在客戶的認可，促成簽單。這樣，你的客戶群就像滾雪球一樣，越滾越大！

「轉介紹」法可以分為三步完成：

第一步，讓客戶認可你

你要向客戶提出請求，並解釋什麼是「轉介紹」。只有得到客戶的認可，客戶才會把朋友的近況及家庭情況告訴你，進而獲得潛在客戶的詳細資料。

具體來說，獲得客戶認同要做到兩點：

（一）你要有責任感，篤守信譽，有責任心。在經營客戶的時候，一定要重信譽、講信用，以實際行動贏得客戶的信任，客戶才會樂意介紹朋友給你認識。

（二）給客戶提供滿意的服務。只有以真誠的服務打動客戶的心，才會獲得客戶的認可，客戶才會放心地把這種服務介紹給朋友，把你推薦給朋友，自願回饋朋友的資訊。

讓客戶認可你，這是很重要的一步，邁出這一步，後面的事情就好辦了。但如果你遇到拒絕提供「轉介紹」的客戶，就應該盡快找出客戶拒絕的原因，打消客戶的顧慮，解除客戶的擔憂，重獲客戶的認同與肯定。

第二步，獲得潛在客戶的資料

你獲得客戶的認可後，他會主動把一些潛在客戶的詳細資料提供給你。你在收集這些資料時，主要應該掌握潛在客戶的姓名、年齡、家庭及公司地址和電話號碼、教育背景及未來計畫、目前收入和將來可能的最高收入等。同時還應獲知潛在客戶的興趣，掌握潛在客戶的情感與性格，為陌生拜訪奠定基礎。

這樣，你就對潛在客戶有了大致的瞭解和認識，輕鬆掌握了潛在客戶的生活詳情。再有計畫地為拜訪潛在客戶做準備，對症下藥，整理出購買計畫，將更具說服力。

第三步，準確鎖定潛在客戶

根據自己掌握的資料，認真對潛在客戶進行篩選，選擇最具有可能性和購買實力的潛在客戶，鎖定主攻對象。鎖定潛在客戶後，選擇適當的拜訪時間、拜訪方式、拜訪話題，精心為潛在客戶設計購買計畫。

雖然是陌生拜訪，但是你對潛在客戶的資料瞭若指掌，介紹起來便得心應手，可以句句說到他們的心坎上。再來因為是經朋友介紹來的，潛在客戶不會拒你於千里之外，更不會為難你，甚至還會產生一種親切感、信任感。你可以借助自己為以往客戶提供的服務，用事實證明自己的信譽與能力。如此雙管齊下，作用更為明顯，相信會事半功倍。潛在客戶也會打心眼裡接受你的觀點，成為你的客戶，最後促成簽單。

其次是「朋友」法，就是透過朋友的關係認識一些新的客戶。

不要說你沒有朋友或者朋友很少。對一個優秀的業務員來說，到處都是他的好朋友。換句話說，凡是你認識的人，哪怕只有一面之緣，只要你知道他們的聯繫方式，他們願意瞭解你的工作和生活，關注你的事業，這些人都是你的朋友。如此算來，天下何人不識君？

如果你的產品剛好是這些朋友們所需要的，為什麼不幫助他們滿足這種需求？說服朋友購買他所需要的產品，多半會被接受。從朋友的角度來說，只要他們喜歡你、相信你、希望你成功，也就會很願意去嘗試你的產品。在友誼的召喚下，他們將積極地回應，並且成為你最好的客戶。

即使你的朋友暫時不需要你的產品，也要與他們聯繫。尋找潛在客戶的第一條規律，就是不要假設某人不能幫助你建立商業關係，他們自己也許不是潛在客戶，但是他們也許認識將成為你的客戶的人，因此不要害怕要求別人推薦。

讓朋友們願意與你分享你的新產品、新服務以及新構思時的關鍵語句是：「因為我欣賞你的判斷力，我希望聽聽你的觀點。」這句話一定會使對方覺得自己很重要，並願意幫助你。總之，當你說服客戶的時候，一定要把他們當作你的好朋友，而不是敵人或者對手。你要從內心深處把每次說服，都當作是在幫助朋友。你需要花一些時間和精力，和潛在客戶培養出彼此之間的理解和信任，並且建立一種牢固、長期性的友誼。你要想辦法打消客戶對你的反抗情緒，只要他們接受了你這個好朋友，一定也會接納你的產品。

再次是「陌生人」法，就是多跟陌生人接觸，試圖把陌生人變成自己的客戶，或者讓陌生人為自己拉到客戶。

尋找客戶很重要的一步，就是要大膽地與陌生人說話。當然，你的業務可以從熟人開始，但是熟人畢竟有限，想要進一步開拓業務，就必須與陌生人打交道。

可以說，結識你周圍的陌生人，這是業務員必須訓練的技巧。想想看，在電梯裡，在公共汽車上，在餐廳裡，你有沒有嘗試著和你身邊的人交談？只要你嘗試著去做了，你就會發現，和走近你身邊的人進行交談是一件非常有趣的事情，而且善意的話語會使對方回應積極。

陌生人可能會問到你的工作，你客氣地將名片遞給他就可以了。如果你的運氣足夠好，對方會對你的產品很感興趣，這不正是你需要的嗎？

於是，你微笑著告訴他：「我希望，有一天你或者你的朋友有可能會需要我的服務，為此我預先表示感謝。」「我希望」聽起來一切都是自發的，自然而然產生的；「預先表示感謝」說明你為人禮貌；「有可能」顯示一種謙遜的態度。這些話語可以準確地和當時的氣氛配合起來。

對你的這番話，對方也會及時做出反應。一般來說，會出現以下三種情況：

（一）他們同意打電話與你進一步討論。

（二）同意讓你打電話給他們，進一步討論。

（三）他們不感興趣，但將幫助你向感興趣的人推薦。

看看現在你得到什麼？認識了一個你幾乎沒有可能認識的人，得到一名潛在客戶或可能被推薦給別的潛在客戶。

最後是「行業會展法」，即透過參加行業展覽會得到發現潛在客戶的機會。

有一位行銷專家在文章中寫道：我有一個業務員朋友進入印刷機械行業。有一天，他愁眉苦臉地問我：「怎麼才可以獲得這個行業的潛在客戶？我已經嘗試了很多辦法，可是一無所獲。」我對他的遭遇深表同情，突然想起一件事，於是提醒他：「今年五月，在台北將會有一個國際印刷機械展，你將在那裡遇到世界上最著名的印刷機械製造商，幾乎所有排得上號的廠商都會參加……」朋友大喜過望，立刻整裝出發，結果滿載而歸。

你看，只需要去看一個展覽會，你就會得到這個行業的幾乎最有價值的潛在客戶。

具體來說，在展覽會上尋找客戶，需要注意做到以下幾點：

（一）盡量收集客戶資料，越詳細越好，展覽會上的宣傳手冊千萬不要放過。

（二）一定要想辦法拿到該客戶的名片。

（三）盡可能地與這些潛在客戶進行現場交流，明確誰具有決策權。

（四）在展覽會結束以後，盡快取得聯繫，免得記憶失效而增加後期接觸的難度。

（五）將客戶的產品資料拿回來仔細分析，尋找機會。

你需要一個引路人

如果邁入一個新的行業，很多事情根本無法下手。這個時候，你需要可以給予你經驗的人。從他那裡獲得建議，這對你的價值非常大，我們不妨稱他為引路人。

引路人必須比你有經驗，對你所做的努力感興趣，並願意指導你的行動。引路人願意幫助面臨困難的人，幫助別人從自己的經驗中獲得知識。

判斷一個人是否是優秀的引路人，還取決於以下三點：

（一）看他是否在行業裡具有一定的影響力並且聲譽良好。

（二）看他是否具有對行業裡的技術和市場的深刻認識。

（三）看他是否具有行業裡的廣泛人脈關係。

如果你的引路人確實具備以上這些特點，恭喜你，你的事業就會在他的引導下如魚得水。

具體來說，他將為你帶來的好處是：

（一）行業裡的技術及產品發展趨勢。

（二）某些關鍵的客戶方向，讓你可以避免犯錯。

一位成功的業務員，在回憶自己當初的引路人時說道：

「有一段時間，我的事業陷入低谷。因為剛進入一個全新的行業，對一切茫然不知，在說服客戶的時候遇到了極大的困境。」

「正當我走投無路時，我有幸結識了一位朋友，他成為我在這個行業的第一位引路人。因為他對於我所處的行業有很深刻的認識，對行業裡的廠商、公司老闆都非常熟悉，對他們都可以做出客觀的分析評價，這使得我的目標變得非常明確。他甚至告訴我這些公司的老闆哪些是和他關係良好的朋友，我打電話去的時候就可以說是他介紹的。從此我的門路大開，推銷工作變得非常順利。」

第二章

激發客戶的購買欲望

客戶心裡潛藏著對商品的佔有欲

每個人在潛意識裡都有佔有的欲望。如果你在一個地方發現你的女朋友正和一位帥哥聊得不亦樂乎，你會有什麼樣的感覺？如果你是一個女孩，有一天發現自己的男朋友正和一位漂亮的女孩走在一起，你是不是很生氣？這些都是人的佔有欲的表現，人面對商品的時候也是這樣。

一般來說，客戶的佔有欲主要來自於以下幾種心理因素：

（一）貪圖便宜。很多客戶貪圖小便宜，對自己有利益的事情可以奮不顧身地「爭取」。佔便宜的心態在購買中表現為希望花費相同數目的錢獲得更多的商品。贈品可以很好地滿足客戶佔便宜的心理需求，多數人總是認為獲得贈品就是佔到了便宜。事實上，贈品經常附帶有一定的購買條件，儘管贈品的價格不高，但是客戶不願意直接花錢購買相應的贈品，而寧可間接花錢達到獲得贈品的購買條件，這就是贈品的魅力。

（二）少花錢。與佔便宜的心態相對應，少花錢也是眾多消費者的購買心理。促銷、打折、會員卡、免費維修，都可以使客戶少花錢。在這個方面，關鍵是要讓客戶對原價和現價的差異進行比較，甚至明確告知其將少花多少錢，進而極大地刺激其購買的欲望。

（三）虛榮心。每個人都喜歡被別人羨慕，都喜歡表現自己。優先權、金卡、會員卡，享受特殊的服務待遇都是榮譽和尊貴的象徵。有時讓你的尊貴客戶的親友或者普通客戶也跟著「沾一點光」（享受特殊待遇），會產生意想不到的「裙帶」銷售效果。

（四）追求個性。年輕人往往喜歡追求與眾不同的東西，以突出個性。流行、時尚、名牌都會刺激消費者強烈的購買欲望，因此門市營業員需要告知客戶此商品的與眾不同之處。

（五）攀比心理。人們都想使自己高人一等，想讓人注意，想顯示他們作為成功者的身分。攀比心理非常正常，你可以從同齡攀比、同公司攀比、同級別攀比去尋找客戶的攀比心理切入點，然後從商品的功能和特性，使用者的情況等方面進行介紹和推薦，激發客戶心中的購買欲望。

因此，業務員在說服的過程中要學會細心觀察、巧妙溝通，引發客戶的想像力、調動客戶的感官刺激，逐漸激發客戶的購買欲望，進而成功說服客戶購買你的產品。

然而，客戶的購買欲望往往是非常隱秘的。對自己希望佔有的產品，他們會表現得無動於衷，甚至用自己的意志力來克制這種購買的衝動。於是，客戶的購買結果就存在著許多不確定因素。此時，千萬不要被客戶的表象迷惑，否則你將說服不了任何人。你需要做的，就是想盡辦法去挖掘客戶隱秘的購買欲望。

記住，在說服中要打動客戶的心而不是腦袋，因為心比腦袋離客戶的口袋更近。心即感情，腦袋即理智。研究顯示，客戶購買習慣遵循八〇／二〇法則，即在人們的頭腦中，感情的分量與理智的分量分別佔八〇％和二〇％。很多時候，客戶的購買行為往往會由於一時的感情衝動而影響到原來的購買計畫。業務員只要以積極的心態，不失時機地刺激消費者的購買欲望，就可以將一些潛在的成交變為現實的成交。

把握住這一點，說服客戶就會輕而易舉。

用語言激發客戶的想像力

世界著名的服裝銷售大師巴巴拉說：「世界上每一幕戲都源於想像，銷售也是如此。」事實上，對客戶進行說服的過程，就是激發客戶想像的過程。

一般來說，人們聽到或者看到某種事物的時候，往往會在潛意識裡為這件事或這種東西勾勒出一幅圖畫，然後根據這幅圖畫做出判斷。

假定你賣的是割草機，你的客戶在使用這部割草機的時候，會是一幅怎樣的情景？或者，你可能賣的是彩色電視機，你可以想像出客戶和他的家人一起觀賞的情形嗎？你可以用心靈的眼睛看到並且描繪出來嗎？你在與客戶交流時，應該不僅希望你的客戶可以聽到，同時也應該希望他們可以「看」到你說的話。客戶在頭腦中「看到」才會有感覺，才會激發出想像。

怎樣做才可以激發客戶的想像？事實上，透過具體化的語言，就可以充分激發客戶的想像。你要用心靈的眼睛「看見」這一切，然後再把看見的情景講出來。為客戶構造出一幅幸福、美滿的畫面，畫面越有吸引力，就越可以打動客戶。

如果你要銷售一處度假中心。你可以用具體的語言進行構圖，全方位地激發客戶的想像。

「你可以聽到海浪衝擊的聲音，還有海鷗的叫聲。」

「你可以聞到松樹或剛收割的稻稈的香氣。」

「你可以去逛逛那裡的鄉村商店，拿起那裡的草莓，嘗一粒——酸酸、甜甜、花蜜般的味道！」

「你取來一支獨木舟的划槳，那種木頭十分平滑，而且用手握起來十分舒服，讓你覺得充滿活力。」

這樣的表達絕對可以激起客戶對度假中心的嚮往。

再舉一個例子，一個業務員去銷售檸檬，他可能會對客戶說「買我的檸檬吧」或是「檸檬大拍賣」。但是你如果運用說服式的銷售，你會說：「看看這些漂亮的檸檬，把它帶回家，一切開，就會看到陽光的影子，你可享用最新鮮、充滿維生素的檸檬汁！」

不得不承認，聽到最後一種說法的時候，就像親自嘗到檸檬汁的感覺。這就是要引起客戶的使用產品時的想像，調動他們的潛意識，激發他們的購買欲望。

如果你要是銷售跑步機，可以這樣說：「當你早上起床，穿上運動鞋和休閒裝，你打開窗戶，深呼吸一口清新的空氣，明媚的陽光照在身上。然後你踏上跑步機，輕鬆舒暢地開始跑步。你的速度由慢到快，當你輕微有些出汗時它會提醒你時間到了。然後你開始洗浴，梳洗整齊，穿上熨燙過的套裝，信心百倍、神清氣爽地走出家門，開始一天的工作。」

這種方法也可以用來介紹產品的功能，例如你是銷售印表機的，可以目光溫和地直視著你的客戶，緩緩地說：「如果家裡有這樣一台多功能印表機，會給你帶來無窮的樂趣和便利。客戶打電話過來需要發傳真，不必去找傳真機，你只需輕輕按下接收傳真的按鍵就可以了；如果你需要把一些重要的圖片放在電腦裡，不用去找掃描器，只需把圖片放好，按一下掃描的按鍵，資料就會輸入你的電腦；如果你需要的資料很多，也不必到外面去複印，自己就可以做；此外，你還可以利用它製作自己喜歡的各種照片，效果具體逼真，會讓你愛不釋手。」

如果你是銷售磁療寢具的業務員，則可以先讓客戶舒服地躺在你的產品之上，然後緩緩地告訴他：「每個人的時間都非常寶貴，即使身體有些不適，也很難有時間去看醫生，但是疾病就是這樣日積月累造成的。如果突然有一天你跌倒在路上，那將是一家人的不幸。我們的磁療寢具不需要你刻意地去使用，不會佔用你的時間，也不會佔用你家裡的空間，只需要你把它鋪在床上，每天睡覺就可以了。」

相信客戶聽了你生動具體的描述，肯定沒有幾個不會動心的。這種繪聲繪色的描述其實比乾巴巴的介紹要管用許多倍。因為這樣可以讓他們感覺到擁有這個東西之後的幸福、快樂。做到了這一點，你就成功了一半。

用觸感讓客戶參與其中

介紹一種商品，業務員如果只是讓客戶在一旁觀看，客戶就會有「霧裡看花」的感覺，比較容易厭倦。因此，作為一名業務員，你必須讓客戶深切感受到你的產品本身，要讓他陶醉在產品之中。你要讓他聞聞產品的味道，摸摸產品以獲得手感，讓他站在特定的角度來欣賞產品。這樣客戶才可以充分地感受到這個產品。客戶這種參與其中的感覺會使他們對商品有新的發現，這樣才可以全神貫注地傾聽你的介紹，你離「說服客戶」的目的也就不遠了。

就以一些美容院或者健身中心為例，它們會免費送給客戶一些護膚美容卡或體驗券，讓客戶親自體驗美容護膚或快樂健身的感覺，看到美容、健身的效果。透過讓客戶親自參與，給其留下深刻影響。客戶在潛意識中就會認同、接受這些美容品或者服務，「說服」的目的就達到了，客戶就會購買更多的美容品或要求更多的服務。

所以，你在與客戶溝通的時候，一定不要一個人唱獨角戲，而是要盡量讓客戶參與進來，發揮參與感的影響力。多問客戶一些問題，讓客戶多說，以瞭解他們的需求，造成和他們之間的互動。一場二十分鐘的獨白，不如十分鐘的對話更容易吊起客戶的胃口。

此外，對客戶進行說服，要盡可能將客戶模糊的幻想變得具體化，盡可能地刺激他們的多種感覺器官。

你可以利用觸覺，例如賣化妝品的時候，你可以讓她抹一抹，然後告訴她：「這瓶化妝品你抹在臉上是不是感到很潤滑但不油膩，而且皮膚顯得更加白嫩。」如果你銷售的是紙張，你可以讓他們摸一摸：「你摸一摸，這紙張的質地是不是很光滑？撕開一張看看，裡面的纖維是不是很均勻？再聞一聞，是不是有一種新鮮的紙香氣？」

事實上，讓客戶親自動手，他才會找到感覺，才會有第一手的經驗，這比你做示範更有說服力。你只需要準備一些支援性的資料，包括廣告宣傳單、圖表、說明書等，以充分的證據幫助你做解說。讓客戶親手操作的好處是可以引發客戶的購買欲望，對他們進行全方位的說服，而願意試用產品的人至少有一半是有購買意願的。

請看一個汽車銷售中的場景：一位年輕時尚的汽車業務員精神飽滿、面帶微笑地將客戶引到汽車的前面。

業務員：「這款車是流線型的，最適合年輕人開，尤其是這種銀灰色，是今年最流行的顏色，開出去既炫又亮眼。」（示意他可以摸一下。）

客戶：「看起來很不錯。」（客戶打開門然後關上門，砰！）

業務員：「這輛車的結構非常安全，從聽關門的聲音就知道。一般的車關門聲都是空蕩蕩的。這個關門聲你都聽到了，多麼扎實，單單聽關門的聲音就很舒服！」（業務員再打開車門，招呼客人進到車裡。）

業務員：「你一進來是不是就有一種緊緊的被包實的感覺，當你開車的時候會覺得很安全。然後你看發動引擎，踩下油門，你有沒有聽到怒吼聲？彷彿在跟我們說：『我想要出去跑了！』」

客戶：「是啊！我感覺到了！」

業務員：「你擁有這樣一輛車，一定會得到朋友們更多的羨慕，而且很適合你的身分。」

客戶：「嗯，就要這輛車吧！」

在上例中，這位汽車業務員透過讓客戶觸摸車身、開關車門、坐到車子裡面等，滿足了客戶的參與感，激發了他潛意識中購買該車的意願，使他對這款車子欲罷不能而最終買下了這輛車。

把心理預演變成真實

你一定見到過跳遠運動員在正式比賽之前，模擬起跑、起跳以及落地的情景吧，也見過籃球運動員站在罰球線上，進行無球狀態的投籃類比吧！

這就是一種心理預演，當客戶購買商品的時候也是這樣。在銷售成為事實之前，客戶的心中都會經歷一種「預演」。擁有這款裙子之後的感受是什麼樣的？會得到周邊朋友怎樣的評價？這都是其心中所想的。

心理學家研究顯示，一個人對某一件事進行心理預演之後，他們就會更加躍躍欲試，因為他們變得更加關注這種預演變成真實之後是什麼樣的。

一個客戶心理上已經想像著穿上某一款裙子走到大街上、坐在辦公室裡的感覺，潛意識中她就有了購買這種產品的欲望，而且對這件事躍躍欲試，這是消費者消費的第一步。這個時候，他們的大腦額葉皮層將變得非常活躍，它將全心地關注即將發生的事情和所有的反應。

這個時候，業務員需要做的就是恰到好處地用語言打破客戶的心理平衡。

如果客戶還在猶豫，你就要盡量讓她放鬆下來，聊一聊她的工作、生活：「晚上出來選衣服，白天工作很忙吧？」或者客戶帶來的孩子：「這個孩子真可愛，上幾年級了？」客戶在輕鬆的氛圍中有時候也會做出購買的決定。

此外，你也可以用其他方法進一步刺激客戶的神經系統，例如讓她觸摸一下衣服，再次體會一下手感的美妙感覺。說不定她在猶豫之後，也會做出購買的決定。

營造一種有利的說服情境

蘇聯科學家巴夫洛夫做過一個很有趣的條件反射的實驗：

巴夫洛夫把關在籠子裡的幾條狗餓了好多天，狗非常饑餓。一天，他拿著一塊烤肉放在籠子的旁邊。這些狗能看到、聞到就是吃不到肉，牠們就產生一種生理反應——流口水。在這些狗流口水的時候，巴夫洛夫就搖一個鈴鐺，以後每次流口水就搖鈴鐺。

經過若干次同樣的情景以後，他把這些狗全部餵飽。這些狗吃飽以後，巴夫洛夫突然搖鈴鐺，那些狗莫名其妙地開始流口水，雖然牠們已經吃飽了。

為什麼會這樣？因為巴夫洛夫給這些狗做了「神經聯結」，把鈴鐺聲和流口水連在了一起，無論以後狗是否吃飽，只要聽到搖鈴鐺就會流口水。

對於人來說，這還是一種潛意識的心理反應，每個人都有過這樣的體驗。例如：當你聽到一首非常熟悉的歌曲時，就會有一種特定的感覺；當你處在花前月下的情境中，就會找到初戀的感覺。

人只要在特定的情緒狀態下，不斷接收到一個特定的刺激，就會在潛意識當中把當時的情緒和看到或聽到的刺激因素相連接，只要那種刺激物一出現，人就會產生那種情緒狀態。這個刺激物，也許是看到的，也許是聽到的或感覺到的。

在你的說服過程中，你可以有意創造一種愉快的交談氣氛，或講一些幽默的小故事。客戶開懷一笑的時候，你可以把他的目光引向面前的產品。

客戶再次大笑時，你可以再次指著產品對他說：「你摸一摸，手感多好，舒服得很！」如此重複幾次，當客戶拿起產品的時候，就會想：「我怎麼一看到這款產品，就喜歡得不得了？」到這個時候你的說服就成功了。

一些電視廣告也是這樣，電視廣告往往是首先透過聲音或者畫面，讓受眾進入極度快樂、興奮或驚訝等不同的狀態，然後再出現產品或品牌的名字，並且不斷重複地播放。久而久之，受眾看廣告時候的這種情緒狀態就跟產品本身聯繫到了一起。再見到這種產品的時候，受眾的心裡就會再現原來的情緒體驗，這種體驗會促使受眾不由自主地去選擇那一種產品。

就拿麥當勞為例，為什麼很多小孩子非常喜歡麥當勞？不是因為麥當勞的東西特別好吃，而是麥當勞公司很會說服，它把快樂和麥當勞連在了一起。麥當勞有一個廣告：

一個坐在搖籃裡的嬰兒，在搖籃升起來的時候呵呵直笑，而當搖籃落下去的時候他就會哭，為什麼？原來，搖籃升起來的時候，孩子會看到窗外麥當勞明顯的「M」標誌，搖籃落下去的時候就看不到了。

這就把快樂和「麥當勞」三個字連在一起——看到麥當勞就會快樂，想到麥當勞也會快樂。這在心理上就是一種說服，使人看到某種東西或情景莫名其妙地就會有種特定的感覺。所以業務員一定要把客戶引領到一個令其感到愉悅及放鬆的情境當中，讓他們一看到你的商品就感到快樂。這個時候，客戶就逐漸進入一種「恍惚」的狀態，你銷售的成功率就會大大上升。不然，客戶很難放鬆警惕，而人在意識清醒的狀態下很難做出購買的決定。

從好奇心下手

好奇心是所有人類行為動機中最有力的一種，所以在實際銷售工作中，業務員可以用話先勾起客戶的好奇心，引起對方的注意和興趣，然後從中說出銷售商品的好處，這就是我們現在所說的注意力經濟。

美國人卡塞爾是這個方面的高手，他是一位善於洞悉別人心理的贏家，他把這些都用在做生意上。

卡塞爾在鬧市地段租了一塊土地，造了一間小木屋作為酒坊。小木屋四周均留有小圓孔，並且掛上一塊醒目的牌子，上面赫然寫著「禁止觀看」四個大字。來往路人禁不住好奇心的驅使，越是禁止看卻越是想看，他們都簇擁著透過小圓孔往裡面偷看。

這正好中了卡塞爾的圈套，路人看到屋內另一塊牌子上寫著「美酒飄香，請君品嘗」八個字，小孔下面放著的一罈美酒香氣撲鼻。窺視者感到擋不住的誘惑，於是忍不住爭相解囊購買美酒。

一九九八年，在美國一場拳擊比賽上，超級拳王泰森在和霍利菲爾德的一場拳擊比賽上，咬掉了霍利菲爾德的半塊耳朵，觀眾一片譁然。而後，這件事被炒得沸沸揚揚，盡人皆知。

卡塞爾便突發奇想，為他的酒坊設計了一種名叫「耳朵」的下酒菜。這種「耳朵」菜有葷有素，酷似霍利菲爾德的耳朵。誰不想嘗嘗咬壞別人耳朵的滋味？「耳朵」菜吸引了大量的消費者，也為卡塞爾帶來了大量的利潤。

人們對你賣的東西產生好奇，也就意味著你擁有一半的成交機會。商人如果可以巧妙地利用人們的好奇心，是很容易達到促銷的目的的。

美國商人鮑洛奇早年在一條叫杜魯茨城的最為繁華的街道替老闆看攤賣水果。有一次，老闆貯藏水果的冷凍廠發生了一場意料不到的火災。當消防人員趕來把大火撲滅時，十六箱香蕉已經被大火烤得變成土黃色，表面還出現許多小黑點。這些香蕉一點都沒變質，相反地，由於火烤的原因，這些香蕉還別具一番風味。

老闆把這些香蕉送到鮑洛奇的攤位上，讓他降價處理。當時，普通香蕉每磅的售價是四美分，老闆讓鮑洛奇以每磅二美分，降價一半出售。老闆還交代，香蕉只要可以賣出去，不至於浪費掉就行了，即使價格再低一點也可以賣。許多顧客走到他的攤前，見到這些醜陋不堪的香蕉，只好搖著頭轉到其他攤位前。第一天，鮑洛奇只賣出了八磅，但是他卻發現這種香蕉不僅完全不影響食用，而且口味十分獨特。

第二天一大早，鮑洛奇又開始叫賣了：「各位先生，各位女士，早安！我剛批來一些進口的阿根廷香蕉，風味獨特，只此一家，數量有限，快來買啊！」很快，鮑洛奇的攤前就圍了一大群人。眾人目不轉睛地盯著這些黃中帶黑的「阿根廷香蕉」，有些猶豫，不知道要不要買。

看到這麼多人圍到自己的攤位前，鮑洛奇興奮極了，立刻鼓動三寸之舌：「阿根廷香蕉，阿根廷香蕉！最新進口的，我們公司好不容易批到的。這種香蕉產在阿根廷靠海的地區，陽光充足，水分多，風味獨特！」

在人們將信將疑之際，鮑洛奇不失時機地問一位穿著得體的小姐：「小姐，請問你以前嘗過這種『阿根廷香蕉』嗎？」這位小姐在攤位前張望很久，鮑洛奇早已注意到她了。她的眼睛好奇地盯著這些香蕉很久了，那個樣子很像打算買，只是還沒有最後拿定主意，鮑洛奇決定從她身上打開突破口。

「我從來沒有嘗過，這些香蕉看起來很有意思，只是有點黑。」小姐說。「這正是它們的獨特之處，否則它們就不叫阿根廷香蕉了。你見過鵪鶉蛋嗎？鵪鶉蛋也是帶有黑點，但是鵪鶉蛋卻特別好吃，不是嗎？」鮑洛奇唾沫飛濺地說，「請你嘗嘗，你從來沒有嘗過這種風味如此獨特的香蕉，我敢打賭！」接著，立刻剝了一根香蕉遞到小姐的手裡，小姐接過吃了一口。

「味道怎麼樣，是不是非常獨特？」鮑洛奇不失時機地問。

「嗯，味道確實與眾不同。我買八磅。」小姐說。

「這樣美味的阿根廷香蕉只賣十美分一磅，已經是最便宜的。我們公司好不容易弄到這麼一點貨，大家不嘗嘗？錯過機會你想買就買不到了。」鮑洛奇大聲吆喝起來。

既然那位小姐已經帶頭買了，而且說味道獨特，再加上鮑洛奇的鼓動，大家不再猶豫，紛紛掏出錢來，想嘗嘗「進口的阿根廷香蕉」到底是什麼樣的獨特味道。於是你來五磅，他來三磅，很快，十六箱被大火烤過的香蕉竟然以高出市場價一倍多的價錢賣得精光。

可見，經商中設置懸念吊起對方的好奇心，是一種行之有效的遊說方法。在你滿足了別人好奇心的同時，對方也就會自覺地接受了你的意見。

製造短缺假象

製造短缺假象就是告訴顧客，所剩商品不多，欲購從速。這是促使顧客做出購買決定的方法，其實是指銷售人員提醒顧客立即採取購買行動，以抓住即將消失的利益或機會。

客戶充分瞭解了產品以後，有可能對購買仍猶豫不決。他們或許在考慮一些非決定性的因素，如考慮購買時間是否妥當，是否還要參考其他人的意見。此時，我們可以採用製造短缺法促使顧客下定決心，此法比較適合感性的客戶。

例如說：「這種尺寸的該款服裝我們已經不多了，該款服裝銷得很快，我預估這款服裝不會等你到星期六。」「這是最後十件，要買趁早。」再如：「我們這種機型的空調只剩下三台了，我們最後的優惠時間只有兩個星期了……」製造短缺假象促成成交這個方法，還可以從付款條件、廣告承諾、季節包裝、現金折扣等方面入手加以運用。

許多準顧客即使有意購買，也不喜歡迅速簽下訂單，他們總要東挑西揀，在產品顏色、規格、式樣、交貨日期上不停地打轉。此時，聰明的銷售員就要改變策略，暫時不談訂單的問題，轉而熱情地幫對方挑選顏色、規格、式樣、交貨日期等，一旦上述問題解決，訂單也就落實了。

利用「怕買不到」的心理，人們常對越是得不到、買不到的東西，越想得到它、買到它。銷售員可利用這種「怕買不到」的心理，來促成訂單。譬如說，銷售員可對準顧客說：「這種產品只剩下最後一個了，短期內不再進貨，你不買就沒有了。」或是說：「今天是優惠價的截止日，請把握良機，明天你就買不到這種折扣價了。」告知客戶「存貨不多，欲購從速」「贈品的限時限量」。

在這種促成交易的方法中有一項特別的方式，即「特殊誘導式促成成交」。運用這個特別方式時，銷售人員以特定的一次性利益誘導顧客做出購買決定。例如，經營空調的電器零售店裡的銷售人員對顧客說：「如果你今天購買，我們將提供免費安裝，還提供終身維護。」

以下來看看著名服裝品牌颯拉是怎樣成功的：

「品種少，批量大」是傳統製造業的天條，而在「長尾市場」中，「款多量小」卻成為當紅的商業模式。颯拉以其「多款式、小批量」，創造了「長尾市場」的新樣板。

颯拉值得大多數傳統企業借鑑的是，它有意識地在自己的產品中「製造短缺」。雖然一年中它大約推出一萬兩千種時裝，但每一款的量卻不大。即使是暢銷款式，颯拉也只供有限的數量，經常在一家專賣店中一個款式只有兩件，賣完了也不補貨。颯拉的一位高階主管曾經說：「我們不想所有人都穿同樣的衣服。」隨著每週兩次補充新貨物，公司使顧客養成經常來逛的習慣。

如同郵票的限量發行提升了集郵品的價值一樣，颯拉透過這種方式滿足了大量個性化的需求，培養了一大批忠實的追隨者。透過「多款式、小批量」，颯拉實現了服裝企業商業模式的突破。

款式更新更快增加了新鮮感，吸引消費者不斷重複光顧。快速更新店面裡的貨品，也確保了它們能符合顧客的品味。在颯拉，你總是可以找到新產品，並且是限量供應的。這些商品大多數會被放在特殊的貨架上。這種暫時斷貨策略在很多人眼中看來是太大膽了！但是想想所有限量供應商品在市場上受到的追捧吧，人們需要的不是產品而是「與眾不同」「獨一無二」。颯拉的暫時斷貨正滿足了人們的這種心理，颯拉由於這種顛覆性的做法慢慢變成「獨一無二」的代言人。

颯拉成功地運用稀缺性策略。所謂稀缺性策略，就是指向潛在客戶說明銷售人員所在公司的產品或服務的稀缺性，以此暗示潛在客戶，如果不盡早做出購買決策，就造成可能「過了這個村就沒有這個店」的印象，或者晚些做出決策就可能只有排隊等待產品或服務了。

使用稀缺性策略，需要銷售人員對自身公司的產品或服務有一個客觀的認識，而且在與潛在客戶的溝通中注意語氣、氣氛，避免給潛在客戶一種要脅的感覺。

—第三章—

瞭解客戶，迎合客戶

學會揣摩客戶的心理

說服客戶的關鍵是瞭解其購物心理。

客戶的購物心理是指客戶在成交過程中發生的許多極其複雜、極其微妙的心理活動，包括客戶對商品成交的數量、價格，如何付款及選擇什麼樣的支付條件等問題的一些想法。客戶根據自己的需求到商店去購買消費品，在這個行為中，客戶的心理上會有許多想法，驅使自己採取不同的態度。它可以決定成交的數量甚至交易的成敗。因此，我們對客戶的心理必須予以高度重視。

求實心理

很多客戶都是實用主義者，他們購買物品時，首先要求商品必須具備實際的使用價值，講究實用。對那些華而不實的產品，他們是不會花錢購買的。

求新心理

這種心理動機很好理解，就是以追求商品的超前和新穎為主要目的，他們購買物品重視「時髦」和「奇特」，好趕「潮流」。在經濟條件較好的城市男女中較為多見，在西方國家的一些客戶身上也常見。例如，去中國旅遊的一對瑞士夫婦，穿著奇特，與眾不同，推銷員向他們介紹古戲裝時，他們非常高興，當即購買了兩套，並且說明要回國以後舉行生日宴會時穿出來，讓所有的賓客感到驚奇。

求美心理

愛美之心，人皆有之。喜歡、追求商品的欣賞價值和藝術價值，在中青年女士和文藝界人士中較為多見，在經濟發達國家的客戶中較為普遍。他們在選擇商品時，特別注重商品本身的造型美、色彩美，注重商品對人體的美化作用、對環境的裝飾作用，以便達到藝術欣賞和精神享受的目的。

求名心理

大千世界，離不開「名利」二字。一些有錢的客戶購買商品，純粹是為了顯示自己的地位和威望。他們講名牌、用名牌，以此來炫耀自己。具有這種心理的人，普遍存在於社會各階層。尤其是現代社會中，由於名牌效應的影響，吃穿住使用名牌，不僅提高了生活品質，更是一個人社會地位的表現。這也是為什麼越來越多的「追牌族」湧現的原因。

求利心理

這是一種「少花錢，多辦事」的心理動機，其核心是「廉價」。有求利心理的客戶，在選購商品時，往往要對同類商品之間的價格差異進行仔細的比較，還喜歡選購折價或是瑕疵商品。推銷員向他們介紹一些因稍有殘損而減價出售的商品時，他們一般都比較感興趣，只要價格低廉、經濟實惠，必先購為快。具有這種心理動機的人，以經濟收入較低者為多。

當然，也有經濟收入較高而養成節約習慣的人，經常精打細算，盡量少花錢。有些希望從購買商品中得到較多的利益的客戶，對商品的花色、品質很滿意，愛不釋手，但由於價格較貴，一時下不了購買的決心，便討價還價。有的為了一元或幾角，也要爭論不休，致使想買的東西買不成。

偏好心理

這是一種以滿足個人特殊愛好和情趣為目的的購買心理。有偏好心理動機的人，喜歡購買某一類型的商品。例如，有些人愛養花，有些人愛集郵，有些人愛攝影，有些人愛字畫。

這種偏好性往往與某種專業、知識、生活情趣等有關，因而偏好性購買心理動機也往往比較理智，指向也較穩定，具有經常性和持續性的特點。

自尊心理

有這種心理的客戶，在購物時既追求商品的使用價值，又追求精神方面的高雅。他們在購買行動之前，就希望他們的購買行為受到推銷員的歡迎和熱情友好的接待。

經常有這樣的情況，有的客戶滿懷希望地進商店，一見推銷員的臉冷若冰霜，就轉身出門到其他商店，甚至再也不願光顧那家「冷若冰霜」的商店。

仿效心理

這是一種從眾式的購買心理動機，其核心是不甘落後或「勝過別人」，對社會風氣和周圍環境非常敏感，總想跟著潮流走。有這種心理的客戶，購買某種商品往往不是由於急切地需要，而是為了趕上別人、超過別人，藉以求得心理上的滿足。

隱秘心理

有這種心理的人，購物時不願為別人所知，經常採取「秘密行動」。他們一旦選中某件商品，而周圍無旁人觀看時，便迅速成交。年輕女性購買衛生用品，年輕男性為異性朋友購買女性用品，經常有這種情況。國外一些政府官員或大富商購買高級商品時，也有類似情況。

疑慮心理

這是一種思前想後的購物心理動機，其核心是怕「上當」「吃虧」。他們在購買物品的過程中，對商品品質、性能、功效持懷疑態度，怕不好使用，怕上當受騙，滿腦子疑慮。因此，他們會反覆向推銷員詢問，仔細地檢查商品，並非常關心售後服務工作，直到心中的疑慮解除後，才肯掏錢購買。

安全心理

有這種心理的人，對欲購的物品，要求在使用過程中和使用以後，必須保障安全，尤其像

人與人的交往，
就是心與心的較量！

食品、藥品、洗滌用品、衛生用品、電器和交通工具等，不能出任何問題。因此，他們非常重視食品的保鮮期，藥品有無副作用，洗滌用品有無化學反應，電器有無漏電等現象。他們一般會在推銷員就此做出解說後，才會放心地購買。

充分瞭解客戶的每個方面

聰明的人知道每件事，而精明的人知道每個人。「知彼知己，百戰不殆」，當你對客戶的瞭解非常透徹，而且深知他的需求和價值觀時，你的銷售也將無往不利。

你從客戶的辦公室出來的時候，你要問問自己：客戶辦公室牆上掛的是什麼東西。如果是一幅畫，是什麼畫？如果是一幅字，又是寫什麼？客戶桌子上擺的是什麼東西？如果桌子上有一張照片，那是誰的照片？是不是客戶的孩子？客戶後面的櫃子裡擺的什麼方面的書最多？客戶屋裡養的是什麼花？客戶抽的是什麼牌子的香菸？客戶喝的是咖啡還是茶水？你要細心敏銳地觀察對方的著裝、車子、戒指、名片，以及客戶用的其他一切物品。

《攻心為上》的作者麥凱曾經提到，在公司裡他要求每一個業務員都必須瞭解客戶六十六個最重要的相關因素。對客戶要全面地瞭解，幾乎比調查局還要嚴格。正是由於他徹底地瞭解了客戶，所以他可以把客戶照顧得無微不至。請看以下的故事：

麥凱知道一個客戶是高爾夫球明星傑克・尼克斯最忠實的球迷，所以他親自買了一本傑克・尼克斯所寫的書，並且請傑克・尼克斯簽了名。

他把這本書送給那位客戶的時候，對方非常興奮，因為他沒想到自己已經擁有傑克・尼克斯親筆簽名的書，而且是由麥凱送給他的。當這種情形發生之後，他覺得麥凱做人處世真的非常成功，因此他不斷地告訴周圍的朋友：「只要有任何的生意，一定要跟麥凱合作，因為麥凱的服務是第一流的。」

為什麼麥凱可以做到這一點？因為他非常瞭解對方的需求，能出其不意地做出別人期望的事情。記住，愛好一直是把人們聯繫在一起的最好管道。

除此之外，業務員還要懂得觀察客戶言行舉止的細節，包括說話的語氣，站立及行走的姿勢，面對產品時的神態，以便對客戶性格及潛意識進行初步揣摩。之後，業務員再有針對性地給出資訊，這樣的說服是最有感染力的。

例如，走路有力，臉部肌肉輕微緊張，表情變化較大，看起來凶巴巴的客戶，往往都比較感性。對這種客戶，業務員只需迎合其個性，直接問他有什麼需求，然後把符合其要求的產品推薦給他並且加以詳細介紹，往往就可以產生比較好的效果。表面嘻嘻哈哈、有一搭沒一搭地和業務員閒扯，看起來像逛超市一樣的客戶，則比較難對付。要說服他們，就必須仔細捕捉其動作及語言中偶爾流露出來的興奮點，並透過對話加以擴大。

在房地產界，流傳著一則有趣的案例：

一位老闆開車路過某建案時，尿急無奈，跑到接待中心上廁所。出來以後，熱情的銷售人員迎上前向他介紹自己的建案。一番交談以後，老闆被深深打動。

結果，他當場付了訂金，買下一間房子。

這似乎是一個很偶然的故事，然而進一步分析就會發現，在這個例子中，銷售人員無意中利用隱秘說服的策略。一般來說，上完廁所後，人的精神和生理都處於放鬆狀態，此時若與之進行很好的交談，人的資訊接納程度是比較高的。加上這位「客戶」剛好又有買房的實力，下訂金買房便順理成章了。

此外，在與客戶打交道的時候，業務員最好可以摸透對方的脾氣性格，這對說服對方大有幫助。

一個人一個性格，一個人一個脾氣。和不同的客戶打交道時，如果忽略這一點，往往會遭遇「不對脾氣」甚至「話不投機半句多」的尷尬。

對一個做事雷厲風行、說一不二的人，你卻慢條斯理，沿著羊腸小徑跟他「繞圈」，只會

人與人的交往，
就是心與心的較量！

讓他不耐煩甚至躁動生氣；對優柔寡斷的人，你也採用優柔寡斷的態度與他交涉，經常會因為表達含糊、詞義曖昧而溝通失敗；如果你的客戶是一個呆板而不懂幽默的人，你最好不要跟他開玩笑。假如你非要用幽默的言語跟他講話，他可能會不耐煩：「這個傢伙，淨跟我說一些無聊的話！」

對一些愛露「鋒芒」的人，你如果處處搶他的「風頭」，必然引起他的敵意和嫉妒。對一些「假正經」的人，你如果跟他「正經」起來，反而會遭到他的白眼。

許多事例告訴我們：如果你沒把握住客戶的性格，就會陷入難以自拔的困境。所以你務必要留意，在與客戶溝通的時候，一定要細心揣摩對方的脾氣，然後採取有針對性的溝通策略。

借助「相術」來瞭解客戶

在古老的相術裡就有觀人的技巧，它是一個內涵異常豐富的獨特的價值判斷系統。如果把這些技巧應用到識別客戶上，必能收到意想不到的效果。

具體來說，古代相術技巧主要表現在以下幾點——

以眉推測人之才氣；

以目推測人之貴賤；

以鼻推測人之貧富；

以耳推測人之福祿；

以口推測人之誠偽；

以人中推測人之子嗣；

以氣質推測人之涵養地位；

人與人的交往，
就是心與心的較量！

以衣著推測人之性情習慣；
以言語推測人之思維反應；
以行動推測人之性格職業；
以家庭組成推測人之生活水準；
以經歷推測人之命運走向。

清代的政治家曾國藩在自己的《冰鑑》一書裡，也對觀人乃至用人的心法要訣有精闢的見解。正是憑藉著體察入微、洞悉人心的隱秘之術——在官場上應付自如的為官之道和屢試不爽的「識人術」，曾國藩這個一介儒生，由科舉入仕途，進而青雲直上，出將入相，並且迅速在自己的周圍聚合了許多治國之棟樑、征戰之良將，為垂死掙扎的大清王朝注入了一劑強心針，被稱為清王朝的中興重臣。

中國相術從一個人的相貌推斷一個人的運途窮通過程，從現代科學上說，其中有一個相貌與命運有一定相關性的基本原理。這個基本原理是透過基因的外化——相貌來窺視基因內在調控的生命節律。千百年來，人們利用相術從社會實踐中取得了大量的相貌與命運相關的經驗，使得這個古老而備受爭議的文化可以流傳至今。

人的相貌可以反映出一個人的生命節律，這個節律以基因為基礎，因此人的命運是可以從相貌上預知部分的。在西方，《福爾摩斯探案》中對人的獨到觀察也是很值得稱道的，例如：從一個人沾滿泥土和草根的靴子就可以推斷此人在野外走了很長的一段路；從一個人的右手比左手長，而且布滿老繭，衣服上有氈片補丁就可以判斷出此人是一個鐵匠；一個敏捷的左撇子往往是一個網球高手；總是習慣眯著右眼的人可能是一個技藝高超的木匠；大拇指和食指的第二指節有老繭的人肯定是一個槍手或者警察；軀幹筆直魁梧，走路時步伐和擺臂很規範的人很有可能是軍人出身。我們也可以說，西裝革履、手提公事包、口袋裡裝著名片，滿臉寫著焦急與探詢神色的人一定是業務員。

人與人的交往，
就是心與心的較量！

從細節判斷客戶的購買力

識別客戶不僅要靠眼睛去觀察，還要用心去思考。因為客戶的購買力往往是隱秘的，有時候甚至是經過偽裝的，需要進一步分析、鑑別。如果僅僅靠表象去判斷，很可能會錯失良機。同時，在瞭解客戶的時候，千萬不要放過一些微小的細節。

小名是一家著名的房地產經紀公司的業務員，公司裡高手如雲，所以剛來不久的小名顯得有些默默無聞，剛入行也就三四個月的她，業績也的確也不怎麼突出。二〇〇三年，房地產行業如火如荼，是一個充滿希望的行業。小名就是在這個趨勢下投入房地產行業的。她出生在一個小山村，家鄉的水土培養了善良、心細的性格，她經常幫助那些殘障的老人或者小孩，即使在上學的時候，也經常去做義工。

行業的景氣和公司的實力似乎沒有給她帶來什麼實惠。在這樣的公司裡，沒有業績就沒有薪水，所以壓力也特別大。看著那些公司的業務精英們每天出出進進、意氣風發，小名心裡很著急。可是她也想不出什麼好的方法，你可以想到的別人也想到了，還有什麼好想的？

直到有一天，公司裡竟然來了個智力殘障的客戶，他的樣子很可笑，惹得公司的那些高挑美貌的銷售人員笑個不停，公司的男業務們也忍俊不禁，只有公司的主管努力克制著自己，不管怎麼說，來了就是客戶！

加上那位客戶說話也口齒不清，讓那些小姐更不把他當一回事。於是，招待這位特殊客戶的任務就落到了在公司裡資歷最淺的小名身上了。

小名雖然也有些驚奇，但是她沒有輕慢這位客戶，她把他當作自己的兄長一樣看待，又是讓座又是倒茶遞水；考慮到客戶的言語不行，她就把建案的畫冊拿給他看，那個人看完了沒有說什麼，只是指著畫面上的一棟別墅向小名指畫著。

小名知道，那是黃金地段上的一棟園林式別墅，獨門獨院，帶有私家花園和停車場，還有一個很大的露天泳池，均價最起碼也在兩千萬以上。他買得起嗎？小名不禁打量了一下這個殘障人，只見他喝水的時候把水倒了自己一身，樣子很滑稽，可是仔細一看，這個客戶的衣著全是名牌服裝，高貴而不豔俗，非常合身。

因為他的行動不便把身上的衣服弄皺弄濕了，她根據客戶身上的電話本找到他家的地址，於是把客戶攙扶著送回了家。他們家裡的人對小名的熱心幫助很感激，要知道照顧一個殘障人是多麼的不容易，況且能把他送回家。

想不到這個客戶的弟弟是一個留美的博士，正在做中美間的外貿生意。他只有一個哥哥，父母過世得早，想當年他上學全靠哥哥的盡力支持，哥哥的殘障不是先天的，而是在工作的時候因意外傷害造成的，他為了報答自己哥哥的恩情，也為了自己現在唯一在世的親人，不惜重金地照顧他。他聽哥哥嚷著要買別墅的意願並瞭解了房子的情況後，當場就和小名簽下了買賣合約。由於這棟別墅的確很宜居，等級又高，這位博士非常滿意，也更增添了治好哥哥疾病的信心。試想一個智力有殘障的人竟然一個人跑到房地產公司去買別墅，而且這麼有眼光，說明他的疾病不是無可救藥了。於是他又買下了一棟，作為投資之用，並且熱心地為小名介紹了幾位有購買力的人士，還請小名經常來看望自己的哥哥。因為他的事業很忙，所以哥哥經常獨自在家裡，雖然家裡有好幾個保姆，但是都不能好好照顧他。

小名算了一下，這兩棟別墅的分紅有二十多萬，自己在公司裡也可一躍晉升為金牌業務員了，作為新手跑業務再也不會一點底也沒有了，可以克服恐懼，全力以赴做業務了。

識別「兩棲」類消費者

在我們的職業生涯中，經常會遇到一些特別的客戶，他們總是給人一種矛盾的印象。一方面，他們很節省，你無法說服他們購買哪怕一件很不值錢的商品；另一方面，他們又很闊綽，在一定的場合下一擲千金，很容易被說服。

其實，這種現象我們不陌生，也許你就具備這種特質。

例如，在平常生活中，人們可能因為囊中羞澀而省吃儉用，但到了請客送禮的時候，卻可以很講排場、很張揚。再例如，一些家庭省吃儉用，甚至不惜背一身債，只為考上大學的子女讀得起大學。還有很多家庭節省了一輩子，圖的就是為了蓋一座像樣的房子。諸如此類，不一而足。

這些人在不同的消費領域採用兩種不同的消費水準，並且用一方的收斂節儉來支持另一方的支出花費。也就是說，他們的消費策略是「讓自己的一部分生活先富起來」。

因此，我們發現，客戶的消費生活存在兩個領域：一個是需要先富起來的領域，一個是還需要節儉的領域。也就是說，人們透過在其他領域的節省、抑制和延遲享受，來支持某個特定領域的消費享受的提早實現。具體表現在以下三點：

（一）客戶在根據時尚和「面子」的標準來進行消費的領域（裝修、家具、電器、手機、服裝等），往往比較奢侈。在不為外人所知的領域（如飲食）則往往比較吝嗇。

（二）父母往往首先滿足子女的消費水準（如教育消費），自己的消費則放在其後，能省就省。

（三）在交際消費上，客戶往往採取慷慨和好客的策略，以維持「面子」，避免因為「小氣」而被人看不起。在私人消費上，則有可能克扣自己。

在這裡，客戶在兩個不同領域分別採取兩種不同的消費策略：節儉主義的策略和享樂主義的策略。

節儉主義的策略是抑制欲望，把需求降低到最低或較低的水準。享樂主義的策略是緊跟消費的潮流和時尚，追逐消費生活的品質和快樂。他們有如兩棲動物，在水域和陸地分別按不同的規則來生存。

因此，他們可以被具體地稱為「兩棲」消費者。一句話，「兩棲」消費行為的本質是什麼？一半是「吝嗇」，一半是「奢侈」。

人與人的交往，
就是心與心的較量！

保持良好形象，迎合客戶口味

我們每一天所做的事，都會產生一定的影響力，這些小動作剎那之間就會直接影響到客戶對我們的看法。這剎那之間的看法可能只出現了幾秒鐘的時間就會立刻被放在客戶潛意識的「資訊夾」中，以致有人主張「從小處去觀察人性」。

所有的企業家以及花錢的客戶都擅長此道，舉例來說：如果你在客戶面前隨便丟個垃圾，客戶可能在他的「資訊記錄簿」裡記錄上你是一個隨便的人；如果你跟客戶約定好時間卻遲到了，客戶可能就會在「記錄簿」裡記錄上你是一個不信守承諾的人；如果你在麻將桌上為了輸贏斤斤計較，客戶可能在他的「記錄簿」裡記錄上你是一個小氣而且輸不起的人……這些小事都會在關鍵的時刻產生關鍵性的作用，有些人被客戶「開除」了都不知道自己為什麼失去客戶，其實就是這些你認為是小事的事情在客戶的大腦裡起了化學反應，開始發揮作用了！

因此，一個頂級的業務員二十四小時都在做銷售，不是在銷售商品而是在銷售自己。銷售自己就是為未來說服客戶做準備，先創建好自己不可替代的優秀形象以及人與人之間的信賴感。這也是為什麼有些業務員可以在很短的時間內就可以說服客戶，有些人花了十倍以上的時間卻無法達到想要的效果的原因。我們所看到的經常只是他們成功說服那一段很短的時間，卻沒有看到他們為了說服客戶所付出的努力。

同時，你也可以從小地方去觀察客戶的小動作，藉著這些小動作去瞭解客戶需要什麼，這就是所謂的投其所好。平常就要開始去滿足他的潛意識，而不是等到說服客戶的時候才去滿足他，因為那個時候就已經來不及了。所以說，如果你對客戶的喜好瞭解得越多，你就越容易接近客戶。因此，成功銷售絕對不是靠運氣，肯定是平常用心的結果！

使用讓客戶高興的字眼

在與客戶的溝通與說服中，一定要在遣詞造句上花些功夫。有一些「魔法詞彙」是客戶非常願意從你那裡聽到的，你務必要充分理解這些關鍵詞彙的重要性。

「你好，我可以幫你做些什麼嗎？」

這種開放式的提問，可以獲得客戶的好感，也可以引起客戶談話的興趣。因為你是在提供「幫助」，而不是「兜售」商品。人們都希望被幫助、被服務，以這樣的提問開頭，你就可以以一種積極的語調開始與客戶談話。

「你的問題，我們完全可以解決。」

客戶與你溝通的真正目的，是要「買到」解決問題的方法。他們喜歡你用他們可以理解的語言直接回答他們的問題。

「雖然我現在還給不了你要的答案，但是我一定會盡快解決。」

如果客戶提出的問題比較刁鑽，你一時難以解決，就應該坦白地告訴他你不知道答案。在對所有的事情沒有把握的情況下貿然地回答客戶的提問，只會讓你的信譽損失得更快。為了測試對方是否講誠信，精明的買家有時會故意提出一個對方無法解決的問題。在這種情況下最好給客戶一個誠實的回答以提高你的信譽。

「我們一定會滿足你的要求。」

告訴你的客戶，令客戶滿意是你的責任。要讓客戶知道，你知曉他需要什麼樣的產品或服務，並且會按照雙方都同意的價格提供這種產品或服務。

「我們將隨時為你提供最新資訊。」

客戶最信賴的業務員就是那種能為他們及時提供最新消息的人，不管是好消息還是壞消息。因此，你要讓客戶知道，你將隨時為他提供有關訂貨方面的最新資訊。訂貨至交貨的時間越長，這種資訊的更新就會越重要。

「我們保證按期交貨。」

約定的交貨日期就是你必須履行的諾言，即使「差不多」也不行。星期一就是星期一；五

人與人的交往，
就是心與心的較量！

月的第一週就是五月的第一週，即使期間包含有國家法定假期。客戶想聽到的是：「我們會按時交貨。」能始終如一做到這一點的人很少，但如果你做到了，客戶就會牢牢記住你。

「非常感謝你可以接受我們的服務。」

說這句話的效果比簡單地說一句「謝謝你的訂貨」的效果要好得多。你還可以透過交易完成以後的電話聯繫，熱情地回答客戶的問題，來表示你對客戶的謝意。

一第四章一

維護好與客戶的關係

你的客戶為什麼在流失？

誰都知道客戶對一個公司來說意味著什麼，但我們為何還是會失去客戶？冰凍三尺，非一日之寒。客戶流失也不是一朝一夕完成的，而是多種因素綜合作用的結果。其中，客戶的需求不能得到切實有效的滿足，往往是導致客戶流失的最關鍵因素。具體來說，客戶的流失，通常主要出現在以下幾種情況中：

當初的承諾得不到兌現

沒有任何一個客戶願意和沒有誠信的業務員長期合作。有些業務員喜歡向客戶隨意承諾條件，結果又不能兌現，如會有返利、獎勵等，但事後又不能及時兌現給客戶。客戶最擔心和沒有誠信的企業合作，一旦企業誠信出現問題，客戶就往往會選擇離開。

業務員服務意識淡薄

很多業務員只顧著開發新客戶，卻忽略老客戶，長時間不和他們聯繫。客戶提出的問題不能得到及時解決，諮詢無人理睬，投訴沒人處理，於是這直接就導致客戶流失。

張先生家用的都是B牌電器，以往很少出現故障，不料前幾天空調壞了。電話好不容易接通，結果企業的銷售部門與服務部門相互推諉，一來二去，耽誤了時間，問題卻沒得到解決。最後張先生發誓再也不用B牌電器了。

客戶遭遇新的誘惑

市場競爭越來越激烈，但客戶畢竟是有限的，特別是優秀的客戶，更是彌足珍貴，二〇%的優質客戶可以給一個企業帶來八〇%的銷售業績。於是，為了可以迅速在市場上獲得有利地位，競爭對手往往會不惜代價地以優厚條件來吸引那些資源豐厚的客戶。「重賞之下，必有勇夫」，客戶「變節」也就不是什麼奇怪現象了。

對此，你要隨時保持警惕，也許你的主要競爭對手現在正在對你的大客戶動之以情、曉之以理、誘之以利地引誘他放棄你而另棲高枝。任何一個品牌或者產品肯定都有弱點，商戰中的競爭對手往往最容易抓到你的弱點，一有機會，他們就會乘虛而入。

情感溝通不確實

業務員與客戶的利益關係紐帶是牽在一起的，但情感也是一條很重要的紐帶。一些細節問題上的疏忽，往往也會導致客戶的流失。很多業務員與客戶交流缺少感情，表現得太功利，以致在一些細節上無意中傷害了客戶。

透過以上分析，我們找到客戶流失的病源之所在。至於如何防範，業務員還應結合自身情況「對症下藥」，這才是最重要的。

維繫老客戶比贏得新客戶更重要

很多業務員經常犯下一個致命的錯誤，他們一門心思地去討好新客戶，卻對老客戶不管不顧。他們自以為是地認為，老客戶一定會一如既往地對自己忠誠。事實證明，這只是他們一廂情願的想法。老客戶受夠了業務員的冷落，他們會決然地選擇離開。

還有些業務員認為，老客戶流失了就流失了，舊的不去，新的不來。他們根本就不知道，流失一個客戶，企業要損失多少利益。一個企業如果每年降低五％的客戶流失率，利潤每年可增加二五％到八五％。並且一個不滿意的客戶平均要影響五個其他客戶。依此類推，企業每失去一個客戶，其實意味著失去許多客戶，其口碑效應的影響是巨大的。

此外，根據統計顯示，贏得一位新客戶的花費是維繫一位老客戶的花費的六～十倍。如果你的老客戶不斷流失，同時又不得不尋求新客戶去替代他們，就意味著你不得不在行銷上花更多的錢，而削減在品質改善、員工成長和客戶服務上的投入，進而走入一個長期的惡性循環。

由此可見，維持老客戶比贏得新客戶更加重要。

與新客戶相比，老客戶可以為你提供更多意想不到的好處：

（一）老客戶在必要的時候會重複購買。

（二）老客戶樂於向別人推薦你。

（三）老客戶更願意為你大唱讚歌。

然而，我們不是說新客戶不重要，而是要強調老客戶同樣值得珍惜。

儘管老客戶有如此多的好處，但是一個嚴峻的事實是，大多數業務員都沒有更好地留住老客戶，使他們滿意並且重複購買。儘管客戶滿意度和忠誠度已經被業務員們稱作「至關重要」的大事，但是又有多少人為此付過更多的努力？

用心去愛你的客戶

大多數長期、穩定的業務關係都是以感情為基礎的，而業務員與客戶的感情又都是建立在以下基礎之上的：信任、尊重、感激、理解、寬容、光明正大、坦誠溝通、仁慈、同情和友愛。所有這些因素，可以總結成一個字：愛。

這裡的「愛」，是無私地推動客戶成長。當你推動客戶成長為最出色的人的時候，你自己也會被愛，最終你也會得到成長。

你可以「愛」客戶的時候，客戶就會對你感激不盡。

所有的客戶都期望可以與他們喜歡的業務員建立合作關係，因為這樣的業務員能堅定、無私地推動客戶成長。客戶也願意把錢交給業務員，無論他們購買的是服裝、電腦、電信服務還是食品。

「愛客戶」該怎樣表現在行動中？其實很容易，就是立即開始為客戶創造些更好的體驗，讓客戶感受到積極的關懷！

從這種意義上說，維護與客戶的關係，就像維護婚姻關係一樣。

如果你是一位男士，你老婆確實很愛你，對你也很好。但是世界上沒有無緣無故的愛，你想要保持住這種狀態，前提是你要先對她好。

不妨再想想你當初是怎麼讓她愛上你的：不僅送鮮花還唱情歌，不僅請她看電影還買哈根達斯的冰淇淋給她。正是在這些浪漫與追求裡，成就了你與她的婚姻。婚後，花兒謝了，歌聲沒了；不僅沒了哈根達斯，連吃都要自己買；不要說看電影，連電視都不陪著看了……結果會怎樣？輕則情淡，重則情變。

照顧不周、表現不好，連老婆都會拋棄你，更何況你的客戶？

很多事實證明，客戶停止與某個業務員的生意，主要是因為感覺到這個業務員不在乎他的需要和感受。與此相對的是，當問到客戶為什麼會對某個業務員有長期的忠誠的時候，最多的回答是：「因為他關心我。」

是的，關心你的客戶、幫助你的客戶，你就可以得到你想要的忠誠。套用一句非常流行的廣告語：「愛客戶就等於愛自己。」

有一位女客戶到一家商店為其八個月大的孩子買奶粉，業務員熱情地詢問瞭解以後，為客戶介紹了一種適合她孩子吃的奶粉。此品牌的奶粉當時正在舉辦活動，客戶買了兩箱奶粉，獲贈了一輛「兒童三輪車」。業務員幫客戶將所有的物品送到銷售點。客戶交完款後，業務員主動地對客戶說：「請問你是怎麼來的？有車嗎？」當時業務員發現她沒有其他同伴，這麼多東西肯定不好拿，外面有車一個人也拿不出去。

客戶聽完業務員的詢問以後很感動，對他說：「謝謝你，我自己坐公車來的，要坐計程車回去。」業務員找來推車幫助客戶把物品送到賣場門口，然後為客戶看著物品，客戶去找計程車。因為客戶的家距離賣場比較近，計程車司機要價高，在雙方未協商好價錢的情況下，計程車司機刺激了客戶，讓客戶當時很難堪。

見此狀況，業務員走上前對客戶說：「你稍等一下，我幫你找一輛車吧！」客戶向他投來感激的眼神。他為客戶找了一輛計程車並且談好了價錢，幫助客戶把物品裝好。客戶坐上車以後，連聲向他道謝。

從那以後，這位女客戶成為這家店裡的回頭客。

忠誠的客戶對你來說是一筆潛在的巨大的財富，千萬不要輕易放棄他們。不要拘泥於常規的交往方式，一定要努力發揮你的想像力，想辦法與他們建立和保持長久關係。有一天你會發現，他們開始不斷地向你推薦新的客戶，進而使你做成一筆筆新業務。

用真情去感動你的客戶

「說服」其實就是敲開客戶的心門的過程。在一個銷售總結大會上，一位飽經風霜的老業務員擲地有聲地說：「感動客戶比打動客戶更重要。」

「感動」敲的是「心門」，追求心靈的震撼；「打動」多是靠利益，多是靠花言巧語。一次「感動」，足以讓別人回味數載寒暑，一如漣漪，不斷地影響對方周圍的人；「打動」僅僅是單一的利益驅動，錢盡情散。

因此，「感動」的力量更容易成就「說服銷售」，甚至是「連環銷售」。

有一次，一個業務員去見一個客戶，當時是午休時間。因為停電，客戶在「火爐」中汗流浹背地沉睡著。業務員不禁拿起扇子邊送涼邊驅蠅邊等待，結果這個客戶舒服地睡了兩個小時，醒來時感動不已。這個時候，客戶已經被眼前的業務員「說服」了。

雖然是小事，卻使這個客戶與他簽訂了上千萬元的訂單。同時，由於這個客戶的宣傳，還接連不斷地引來其他客戶與這位業務員達成合作。

我們經常聽到這樣的困惑：「客戶，我拿什麼來感動你？」其實很簡單，感動別人就是關心別人的過程，也是幫助別人的過程。

「說服」就是感動客戶的過程，除了這個沒有別的。

在很多時候，感動別人不難。只要我們為人坦誠，把一些應該做到的事情做圓滿了，就可以感動很多人。有一個客戶對一個業務員念念不忘，原因是在一年夏天他的家鄉突然遭遇水災的時候，第一個問候的電話就是這個業務員打的……

可惜的是，有很多人都忽視了「感動」這個說服的「武器」。

隱秘說服的理念之一就是變「客戶滿意」為「客戶感動」。因為，「客戶滿意」的標準誰都可以制定，並且可以在嚴格督導下執行，而「客戶感動」既無標準也無法監督。但是也正因如此，才促成隱秘說服。所以，我們只有不斷地創造感動故事、營造感動氛圍，才可以把客戶「說服」，我們的銷售業績才可以攀上頂峰。

人與人的交往，
就是心與心的較量！

關係好，也要多做感情投資

人類是一種很奇怪的動物，我們一邊口頭上表示自己是最理性的，而同時又在對事物的判斷上有濃厚的感情色彩。於是，要維護客戶關係，更重要的是進行感情投資。

所謂感情投資，簡單來說，就是在生意之外多了一層相知和溝通，可以在人情世故上多一份關心，多一份相助。即使遇到不順利的情況，也可以相互體諒，「生意不成人情在」。

在生意往來的過程中遇到比較投緣的客戶朋友，有了成功的合作，感情自然融洽起來，這就是我們常說的「有緣分」。有緣自然有情，關係好的時候，互相付出自然不在話下。問題在於如何保持這種私人關係，繼續愛護它、增進它，使其長久。

事實上，關係再好的客戶，要長期保持相互信任、互相關照的關係也不那麼容易，仍然需要不斷地進行感情投資。尤其在商場上，各自都為自己的利益著想，彼此都會有一定的防範之心。如果不及時溝通，不隨時聯絡感情，彼此之間的緣分也會慢慢變淡、變薄，甚至有可能由合作變成對立，人情也就會變成敵意。為什麼會走到這一步？往往是忽略感情投資的結果，甚至已經忘掉了這一點。

很多人都有這種毛病，一旦關係好了，就不覺得自己有責任去保護它了，往往會忽略雙方關係中的一些細節問題。例如該通報的資訊不通報，應該解釋的情況不解釋，總認為「反正我們關係好，解釋不解釋無所謂」，結果日積月累，很可能就會形成難以化解的問題。

還有一種情況，那就是人們關係好了之後，隨之而來的是對另一方的要求也越來越高。當客戶對你的要求在提高時，如果你對客戶的服務還停留在原來的水準，勢必無法滿足客戶的需求。由此很容易形成惡性循環，最後損害雙方的關係。

可見，感情投資應該是經常性的，在你尋求客戶支持的過程中不可沒有，也不可時有時無，應該從小處、細處著眼，時時落在實處。

不斷滿足客戶的「感性需求」

如果把客戶的需求進一步解析，可以分成兩大部分：一部分是生意上的需求；另一部分是感情上的需求，不妨稱之為「感性需求」。

生意上的需求是邏輯的、理性的和實用的。情感上的需求是感性的、非邏輯的，有時甚至是無理的，但是卻有很重的分量。比如以下這個例子——

一位外國客人來到中國的一家書畫店，營業員一看對方拎的兩個大提袋已經塞滿了中國的各種民間工藝品，立刻迎上前去熱情地說：「先生，你好，來中國旅遊吧？你買的東西可真不少啊！來，我幫你放下，好好歇歇！」

外國客人放下提袋以後，營業員又說：「先生，你真有藝術眼光，對中國的民間工藝一定很有研究吧！」

外國客人聽了很高興，自豪地說：「我最喜歡中國藝術品了，我每次到中國來都要買一批。現在我家裡客廳的博古架上，中國的工藝品都琳琅滿目啦！」

此時，營業員靈機一動，接下去說：「先生，你看這個條幅，一個『藝』字，把你這種苦心追求的精神境界和你所悉心收藏的藝術珍品都概括進去了！」

外國人聽後更加興奮了，他快步走到條幅跟前，左看右看，時而若有所思，時而眉飛色舞。忽然，他眼神一亮，說：「多少錢？我買了！」

營業員的各種表現，極大地滿足了外國客戶的「感性需求」，進而促成交易。

生意上的需求只是暫時的，一旦交易結束，這種需求也就自動停止了。但「感性需求」卻是連貫的，一旦滿足了客戶的「感性需求」，就會使他不斷地光顧。因為一旦生意上的需求得到滿足，他們就會再回來尋找滿足情感需求的體驗。

滿足客戶在生意上的需求很容易，他要買，你要賣，錢貨兩清，簡簡單單。但是要滿足客戶的「感性需求」就沒那麼容易了，那是一個非常複雜的過程。

正是那種被關心的感覺，使得客戶一次又一次地回頭光顧。這也是為什麼我們要致力於為客戶創造這種感覺和積極體驗的原因。

如果在完成交易時客戶經歷的整個體驗是負面的情緒，如挫折感、憤怒、厭惡、擔憂、無能和冷漠等，如果他對你缺乏信心，感覺受到了欺騙，或者認為你不能保持住良好的狀態，他通常不會再來光顧，除非實在找不到其他替代者。
正是這種情感體驗的品質，決定了他是否願意繼續與你打交道。

為客戶提供追蹤服務

為了維護客戶關係，一個最有效的方法就是提供追蹤服務。

例如，第一次交易完成以後，你應該及時打電話給你的客戶，向他致以謝意，同時詢問對方對你的產品或服務是否滿意。然而，這只是有效追蹤服務的開始，還有幾種追蹤服務可以幫助你在客戶的心中留下深刻的印象。

告訴客戶「我隨時為你提供服務」

你可以寫信給客戶，或者打電話給他們。不論採取什麼方式，關鍵是要鮮明地向他們表示，你的公司可以為他們提供一流的服務。如果你從來不向客戶講述你為他們做了什麼，他們就可能不會注意到。向客戶談論你為他們所做的工作不是一種自吹自擂的表現。你為客戶處理文字工作、延聘律師或認真檢查貨品裝運情況時，別忘了打電話告訴你的客戶，讓他們知道你在為他們操辦這一切，他們什麼都不用擔心。

寫一封親筆信給老客戶

利用各種機會，寫一封親筆信給你的老客戶，比如你參加聖誕節的聚會時遇到了某位老客戶，別忘了事後寫一封信問候他。

重視面對面的交流

網路使交往變得更加容易，但卻經常造成人與人之間直接接觸機會的喪失。如果某些問題的解決需要你與客戶面談，就應該發一封電子郵件向他表示，你希望與他直接面對面交談，或者約好時間到他的辦公室見面。

在特殊的日子裡表達情誼

及時向你的「常客」寄送生日卡、週年紀念卡、節日卡，並且寫下你的名字。禮物也是追蹤服務的一種工具。無需花一大筆錢表示你對客戶的關心，運用你的創造力，向客戶送一些可以引起他們興趣的小禮物，對增加你的業務量大有裨益。

好東西與客戶一起分享

如果讀了某篇文章，看了一本新書，或者聽到某個公司的新情況之後，你感覺自己獲得的知識或資訊對你的客戶也有用，不妨發簡訊給他或者打電話告訴他，共同分享。長期堅持下去，客戶會不由自主地把你當成自己人。

讓「將來的客戶」也滿意

你的產品與服務，也許現在可以讓客戶滿意，但卻不一定將來也可以讓客戶滿意。隨著時間的推移，客戶的要求會越來越高，你要不斷使自己「升級」。

為了堵住客戶流失的缺口，必須不斷地給客戶提供優質的產品和服務，否則你將很難建立較高的客戶滿意度。客戶的滿意度是建立在你想客戶之所想、急客戶之所急、及時滿足客戶需求的基礎上的。如果你原地踏步、停滯不前，以前對你再信任的客戶也會拋棄你。同時，為了防止競爭對手挖走自己的客戶，也必須向客戶提供比競爭對手更完美的服務。只有這樣，才可以提高客戶的滿意度並且加大雙方深入合作的可能性。

所謂完美的服務應該是恰到好處地為客戶提供服務，這就要揣摩客戶的心理，針對他們的心理提供服務。

在與客戶溝通的過程中，你要進一步地瞭解你的客戶。在他隱秘的內心裡，可能有多種實際的需求。他對產品品質、功能上的期望是什麼，他對你的服務水準是否滿意？他在產品使用過程中遇到了什麼棘手的問題？

只有將這一切都弄明白了，然後有的放矢，你提供的服務才是行之有效的，才是完美的。不然你就是無的放矢，永遠也將客戶「說服」不了。

服務意識是隨時可以表現出來的，只有我們具備隨時為客戶服務的意識，才可以真正地把客戶當作自己的親友，滿足客戶的需求。這樣客戶才會對你產生美好的印象，在潛意識中接受你，進而也接受你銷售的商品。

客戶的抱怨，就是你的動力

很多業務員對客戶的抱怨不以為然，認為只要能說服客戶從錢包裡掏錢就可以了，至於他們那些意見沒必要太理會，其實這是大錯特錯的。

從某種意義上說，客戶是業務員的衣食父母。所以，我們應該尊重客戶，認真對待客戶提出的各種意見及抱怨，並且真正重視。只有這樣，我們的業務才可以得到有效的改進。

客戶意見是你不斷進步的動力，透過傾聽，我們可以得到有效的資訊，並且可以據此進行創新，促進業務更好地發展。同時，你還可以正確識別客戶的要求，然後傳達給產品設計者，以最快的速度生產出最符合客戶要求的產品，滿足客戶的需求。

在一次進貨的時候，某家具廠的一個客戶向業務員抱怨，由於沙發的體積相對較大，而倉庫的門小，搬出搬進的很不方便，還往往會在沙發上留下劃痕，客戶有意見，不好銷出。要是沙發可以拆卸，也就不存在這種問題了。

兩個月以後，可以拆卸的沙發運到了客戶的倉庫裡。這樣，不僅節省了庫存空間，還給客戶帶來了方便。

這個創意，正是從客戶的抱怨中得到的。

實際上，可以直截了當地向你抱怨的客戶不多。大多數不滿意的客戶只會靜靜地離開，然後會告訴每個他們認識的人不要跟你做生意！所以，當有客戶抱怨時，千萬不要覺得麻煩，要把處理客戶的投訴看作是改變客戶意見，留住生意的絕佳機會。以下是幾種處理客戶抱怨的方法，會使不利因素變為積極因素。

（一）讓客戶宣洩他們的情感，鼓勵他們講出他們的不滿。

（二）永遠不要與客戶發生爭吵。

（三）永遠不要對客戶使用「你說的不是問題」等這類挑戰性的語言。

（四）盡可能禮貌地與客戶交換意見。

（五）對出現的問題負責任，不要找藉口。即使是因為你的員工生病或是由於供應商的差錯出現問題，也與客戶無關。

（六）立即採取補救措施。向客戶提供解決問題的方案，拖延只會使情況變得更糟。

（七）給員工足夠的權力，使他們可以靈活地解決投訴。給員工足夠的空間使他們可以在關鍵的時刻對規則做一些變通。如果你不願意這麼做，就要保證自己或者其他有權處理客戶投訴的管理人員隨時在場。

第三篇：辦事時的心計學

古代銅錢鑄造成「內方外圓」的造型是充滿智慧的，外圓可以減少阻力，便於流通攜帶；內方則可一線貫通，秩序井然。其實，今天我們做人做事的道理也盡包含在其中。做人有方的準則在手，就會方寸不亂，千變萬化不離其宗；做事有圓的技巧在胸，就會渾圓玲瓏，世事人情一通百通。外圓內方，可謂做人做事的最高境界。做人有方，就可以堂堂正正；做事有圓，就可以得心應手。有圓無方則不立，有方無圓則拘泥，可方可圓則無往不利。

方就像是做人的脊樑，圓則可以說是做事的錦囊；方是平天下的宏大氣度，圓是適應社會的行為準則。我們可以學習和借鑑古人的智慧，將「方圓處事」作為辦事的策略和藝術。做事講究策略、方法、技巧、藝術性，在重要的時候講究變通靈活，才可不被事情所累所困，更容易獲得成功。

第一章

面對苦難，勇於開口求助

不要怕給朋友添麻煩

很多人不肯尋求幫助的理由是怕給別人添麻煩，或是怕被別人拒絕丟了面子。其實你的心理完全不必這麼脆弱。對於你的求助，大多數人還是很樂意幫忙的，給他們一個機會幫助你，他們也會感到開心。即使真的遭到拒絕也沒什麼，大不了還是自己動手。為什麼不嘗試一下？

小雨換了新工作，要搬到另一個城市居住。這份新工作需要她投入大量時間去熟悉，可新租來的房子還沒有來得及粉刷和裝修，她實在抽不出時間。這時她想到了好朋友妮妮。妮妮是一個自由工作者，最近工作不忙。最重要的是妮妮不斷地更換居住地點，對裝修房子經驗頗多，自己還可以趁機向這個能工巧匠多學幾招。可是她一直在遲疑，始終猶豫不決：「這件事情看起來不太合適吧？讓妮妮從一個城市飛到另一個城市，花好幾天時間為我的新家工作。」她為此做了一星期的心理交戰，終於鼓起勇氣撥通了電話：「妮妮，我是小雨，我想問問你，你最近忙嗎？」小雨把這句在心裡默念了千萬遍的話遲疑地說出來了。

「不忙啊，什麼事？說吧！」妮妮爽快地回答。

「哦，是這樣，我想，你能不能過來幫我看看房子怎麼裝修。要是你沒時間就算了，真的沒關係。」小雨一口氣把這些說完，緊張地等待著答案。

「好啊，沒問題，我正好出去散散心，就當旅遊了。還有人管我食宿，多好。」妮妮愉快地回答。

聽到這裡，小雨心中的一塊石頭落了地。

事情就是這樣簡單，她根本不必如此緊張，因為這個決定最終將由對方來做。你的要求是否可行，對方會進行判斷和決定。大多數人都非常熱心，尤其是你在過去曾經給予幫助的人。如果你不確信對方是否會答應，擔心聽到「NO」，不妨先問問自己，你們的友誼是否已經足夠堅固，並且禁得起拒絕。

如果不想遭到拒絕，你也需要適當注意表達方式。你在尋求別人幫助的時候，要讓對方感覺你尋求的幫助非常必要，而且對你非常重要：「這件事情可能有點麻煩，但對我來說真的很重要。」並且也要懂得給對方台階下：「這件事對你來說可能有些難度，做不了沒關係，我再想想其他方法。」在尋求幫助的時候，最好可以讓對方覺得日後他們有困難的時候，你也一定不會袖手旁觀。即使沒有永遠的朋友，也會有永遠的利益。

求助不會破壞你的形象

在日常工作中，向同事甚至老闆尋求幫助，比如請他們將工作的截止時間延長一些，或者詢問回饋和意見，這不會讓你看起來能力不夠，相反這表示你是一個很懂得團隊合作、非常具有團隊精神的人。也許你自己會感覺到自己的一點點脆弱，但這也表示你其實是想把工作做得更好。

小王剛被任命為部門經理，對他來說這個新職位有許多需要學的東西。因為沒有經驗，當下屬有問題詢問時，他往往會自己花費大量時間搜尋各種資料來解答。其實他自己明白，如果他問一下其他經理或是一些老員工，問題解決得會更方便和快捷，自己也不用這麼忙碌。但是他沒有這麼做，因為他擔心在自己任職的初期，向同事尋求太多的幫助，會讓老闆認為升遷他是一個錯誤。

你一定會認為小王的擔心是正常的，因為幾乎所有人都認為獨立完成工作會讓人覺得更有能力。但不尋求同事的幫助其實是一種資源浪費，事實上同事們都很希望其他人向他們尋求專業上的幫助。如果小王浪費太多時間在找資料這種瑣事上，就不能騰出更多的時間來進行別的更緊急和重要的工作。要知道，適度地向同事求助，還可以迅速和他們建立更好的關係。

你一定要這樣想：偶爾向別人尋求幫助，其實是一種優點和明智的選擇。因為這表示你能清晰地分辨自己可以掌控和不能掌控的事情，並且懂得事先進行合理安排。也許，向別人求助會揭露一些你自己不得意的事情或缺陷。但承認自己的不完美不丟人，即使你不承認也沒有人覺得你是完美的，給自己增加一點煙火氣息沒什麼不好，或許會讓人覺得更親近。

你需要提醒自己，學會適時地向別人尋求幫助，有利於擴大自己的交往範圍。事實上，你願意放下架子，承認自己有些脆弱的時候，作為回報，別人會樂意給予你幫助。尤其是女性，更沒有必要為了爭一口氣或是證明自己的能力而讓自己累得筋疲力盡。太過獨立堅強的你會讓人敬而遠之，需要幫忙的時候請不要緊閉尊口。

平時多燒香，急時有人幫

黃蜂與鷓鴣因為口渴，就找農夫要水喝，並且答應付給農夫豐厚的回報。鷓鴣向農夫許諾牠可以替葡萄樹鬆土，讓葡萄長得更好，結出更多的果實；黃蜂表示牠可以替農夫看守葡萄園，一旦有人來偷，牠就用毒針去刺。農夫不感興趣，對黃蜂和鷓鴣說：「你們沒有口渴時，怎麼沒想到要替我做事？」

這個寓言告訴我們一個道理：平時不注意與人交往，建立關係，等到有求於人時，再提出替人出力，未免太遲了。

你有沒有這樣的體會：遇到某種困難，想辦某件事的時候，想找個朋友幫你解決，卻突然想起來過去有許多時候本來應該去看他，結果卻沒有去，本來可以關心一下，卻沒有表示。現在有求於人家就去找，會不會太唐突了？會不會遭到他的拒絕？在這種情形之下，你免不了要後悔「平時不燒香」。

人們諷刺臨事用人的做法，最簡練的話就是「平時不燒香，臨時抱佛腳」。俗話說得好，「平時多燒香，急時有人幫」。真正善用求人攻心術的人都有長遠的眼光，早做準備，未雨綢繆。這樣，在急時就會得到意想不到的幫助。

因此，我們為人處事的原則就是不要與朋友失去聯絡，不要等到需要獲得別人幫助的時候才想到別人。有時候，半年以上不與某個朋友聯繫，就有可能失去這位朋友。

因此，主動與朋友聯繫十分重要。試著每天打五～十個電話，不僅可以擴大自己的交際範圍，還可以維繫舊情誼。如果一天打通十個電話，一星期就有五十個，一個月下來，便可到達兩百個。這樣一來，你的人際網路每個月大概都可增加十幾個「有力人士」，他們很可能會在未來幫你打通某個關節。

現代很多人都有忽視「感情投資」的毛病，一旦交上某個朋友，就不再去培育和發展雙方之間的感情，長此以往，兩個人的關係自然就淡薄了，最後甚至會變成陌生人。

經常與朋友保持無事相求時也可以輕鬆地相互聯絡的關係，才是最理想的狀態。真正可以親密往來的朋友，越是無事相求時，越可以盡情地交往。反之，遇上有事相托時，即使三言兩語，對方也可以明白你想說的話。此時，對方會真心誠意地盡己所能來幫助你。

求助方式有技巧

一列商隊在沙漠中艱難地前進，晝行夜宿，日子過得很艱苦。

一天晚上，主人搭起了帳篷，在其中安靜地看書。忽然，他的僕人伸進頭來，對他說：「主人啊，外面好冷啊，你能不能允許我將頭伸進帳篷裡暖和一下？」主人很善良，欣然同意了他的請求。

過了一會兒，僕人說道：「主人啊，我的頭暖和了，可是脖子還冷得要命，你能不能允許我把上半身也伸進來？」主人又同意了。可是帳篷太小，主人只好把自己的桌子向帳篷外挪了挪。

又過了一會兒，僕人又說：「主人啊，能不能讓我把腳伸進來？我這樣一部分冷、一部分熱，又傾斜著身子，實在很難受。」主人又同意了，可是帳篷太小，兩個人實在太擠，最後主人只好把桌子搬到了帳篷外面。

對方先接受了你一個小的要求後，為保持形象的一致，他可能接受你一項更大、更不合意的要求，這叫做登門檻效應，又稱得寸進尺效應。

登門檻效應通俗地說，就像我們登台階一樣，我們要走進一扇門，不可以一步飛躍，只有從腳下的台階開始，一個台階一個台階地登上去，才可以最終走進門裡。

心理學家認為，一下子向別人提出一個較大的要求，人們一般很難接受。如果逐步提出要求，不斷縮小差距，人們就比較容易接受。這主要是由於人們在不斷滿足小要求的過程中已經逐漸適應，意識不到逐漸提高的要求已經大大偏離了自己的初衷。

因此，讓別人做一件事，如果直接把全部任務都交給他，往往會使其產生畏難情緒，拒絕你的請求；如果化整為零，先請他做開頭的一小部分，再一點一點請他做接下來的部分，別人往往會想，既然都開始做了，就善始善終吧，於是就會幫忙到底。

在美國，有兩個人做過一個有趣的調查。他們去訪問郊區的一些家庭主婦，請求每位家庭主婦將一個關於交通安全的宣傳標籤貼在窗戶上，然後在一份關於美化加州或安全駕駛的請願書上簽名，這些都是小而無害的要求。很多家庭主婦爽快地答應了。

兩個星期以後，他們再次拜訪那些合作的家庭主婦，要求她們在院內豎立一個倡議安全駕駛的招牌，保留兩個星期。該招牌不美觀，應該說這是一個大要求。結果答應了第一項請求的人中有五五%的人接受了這項要求。

他們又直接拜訪一些沒有接觸過的人，這些家庭主婦中只有一七%的人接受了該要求。既然已經在剛開始時表現出助人、合作的良好形象，即使別人後來的要求有些過分，自己也不好推辭了。在生活中，想要讓別人答應自己的要求，就需要借鑑登門檻效應。

西方二手車銷售商賣車時往往把價格標得很低，等顧客同意出價購買時，又以各種藉口加價。有關研究發現，這種方法往往可以使人接受較高的價格，如果最初就開出這種價格，顧客很難接受。

上述這些都是成功運用登門檻效應的案例。在人際交往中，當你要求某人做某件較大的事情又擔心他不願意做時，可以先向他提出做一件類似的、較小的事情，然後一步步地提出更大一些的要求，進而巧妙地影響他，最終達到自己的目的。

第二章

眼淚和微笑是最好的武器

用眼淚打動人心

現實生活中，有些人為了升官發財，竟然用哭來達到目的。翻開歷史，會哭的男人、女人不少，哭得妙的人哭出了天下，次一點的也可以哭出個財運亨通。

林肯出身於一個鞋匠家庭，當時的美國社會非常看重門第。林肯競選總統前夕在參議院演說時，遭到了一個參議員的羞辱。那位參議員說：「林肯先生，在你開始演講之前，我希望你記住你是一個鞋匠的兒子。」林肯看看他，沒有表現出憤怒的樣子，而是深沉地說：「我非常感謝你使我想起我的父親，他已經過世了，我一定會永遠記住你的忠告，我知道我做總統無法像我父親做鞋匠那樣做得那麼好。」

聽了林肯這一席話，參議院陷入了沉默，林肯又轉頭對那個傲慢的參議員說：「就我所知，我的父親以前也為你的家人做過鞋子，如果你的鞋子不合腳，我可以幫你改正它。雖然我不是偉大的鞋匠，但是我從小就跟隨父親學到了做鞋子的技術。」然後，他又對所有的參議員說：「對參議院的任何人都一樣，如果你們穿的那雙鞋是我父親做的，而它們需要修理或改善，我一定盡可能幫忙。但是有一件事是可以肯定的，我無法像他那麼偉大，他的手藝是無人能比的。」

說到這裡，林肯流下了眼淚，所有的嘲笑都化成真誠的掌聲。後來，林肯如願以償地當上美國總統。

作為一個出身卑微的人，林肯沒有任何貴族社會的硬體。他唯一可以倚仗的只是自己出類拔萃的扭轉不利局面的才華，這是一個總統必備的素質。正是關鍵時的一次心靈燃燒使他贏得別人包括那位傲慢的參議員的尊重，創造了生命的輝煌。林肯在關鍵時刻的眼淚，讓人們看到了他的鐵漢柔情，贏得最後的成功。

鮑爾溫交通公司總裁福克蘭，在年輕的時候因為巧妙處理了一項公司的業務而青雲而上。他當時是一個機車工廠的員工，由於他的建議，公司買下了一塊土地，準備建造一座辦公大樓。居住在這塊土地上的一百戶居民，都要因此而搬遷。但是居民中有一位愛爾蘭的老婦人，卻首先跳出來與機車工廠作對。在她的帶領下，許多人都拒絕搬走，而且這些人集合起來，決心與機車工廠抗爭到底。福克蘭對工廠主管說：「如果我們建議透過法律途徑來解決問題，就費時費錢。我們更不能採用其他強硬的方法，以硬對硬驅逐他們，這樣我們將會增加更多仇人，即使建成大樓，我們也將不得安寧。這件事還是交給我來處理吧！」

這一天，他來到老婦人家門前，坐在石階上獨自地流起了眼淚。這種行為自然引起了老婦人的注意。良久，她開口發問：「年輕人，有什麼傷心事嗎？說出來，我一定能幫助你。」福克蘭趁機走上前去，他擦擦眼淚，沒有直接回答她的問題，卻說：「你在這無事可做，真是天大的浪費啊！我知道你有很強的領導能力，實在是應該抓緊時間做成一番大事業的。聽說這裡要建造新大樓，你是不是準備發揮超人才能，做一件連法官、總統都難以做成的事：勸你的鄰居們，讓他們找一個快樂的地方永久居住下去。這樣，大家一定會記得你的好處的啊！」

從第二天開始，這個強硬頑固的愛爾蘭老婦人就成為全費城最忙碌的婦人。她到處尋覓房屋，指揮她的鄰人搬走，並且把一切辦得妥當。辦公大樓很快便開始破土動工了。工廠在住戶搬遷過程中，不僅建樓的速度大大加快，而且所付的代價竟只有預算的一半。

福克蘭用哭聲打動了老婦人的心，使她心甘情願地為福克蘭辦成一件大事。這裡的成功和眼淚就是不可分離的，福克蘭終於使老婦通情達理，進而也為自己打開了成功之門。

用眼淚表現真情與淳樸

在找人辦事的時候，激發對方的同情心是十分重要的。你巧妙地點醒對方，觸動他心靈的柔軟地帶的時候，再難辦的事情也可以辦得成。

一九五二年，艾森豪競選美國總統，年輕的參議員尼克森是他的副總統搭檔。

正當尼克森為競選四處奔波時，《紐約時報》突然報導尼克森在競選中秘密受賄的醜聞，消息不脛而走，給共和黨的競選帶來極為不利的影響。為擺脫困境，共和黨不惜花數萬美元，讓尼克森利用媒體向全國選民作半個小時的公開聲明。

顯然，能否澄清事實，取得選民認同，此舉是關鍵。當時，全美國電視台、電台都把鏡頭、麥克風對準了尼克森。

尼克森萬萬沒有料到，在走進全國廣播公司的錄音室之前，他被告知，助選的高級顧問已經決定要他在廣播結束以後提出辭呈。

這意味著艾森豪和共和黨已經在最關鍵的時刻拋棄了他。

於是，尼克森只好採取一個在政治史上少見的行動：他把自己的財務狀況全部公諸於選民，先是公布了他的財產，再公布他的負債情況。接著他就詳細地說明自己目前的經濟狀況，連同怎樣花掉每分錢都如實地告訴大眾，這幾乎是每天發生在大家身邊的事，聽來那麼熟悉，那麼真切可信。最後他聲淚俱下、滿懷感恩地說：「我還應該說，就是我太太派特沒有貂皮大衣……還有一件事，也應該告訴你們，獲得提名之後，我們確實收到一件禮物。德州有一個人在無線電台中聽到派特提到我們的兩個孩子很想要一隻小狗，就在我們這次出發進行競選旅行的第一天透過巴爾的摩市的聯邦車站送來一隻西班牙長耳小狗。這隻狗帶有黑白兩色的斑點，我六歲的小女兒西婭幫牠取名叫切克爾斯，她愛死了那隻小狗。現在我只要說明這一點，不管別人說什麼，我們都要把牠留下來。」

就這樣，連尼克森自己都沒有想到，他的演講獲得了巨大的反響。當他走出錄音室時，到處是歡呼聲，有數以萬計的人打來了電話、電報或寄來信件，幾乎每個著名的共和黨人都給尼克森來電表示讚揚，從郵局匯來的小額捐款就達六萬美元。

就這樣，事實澄清之後，尼克森反而贏得大批同情選票。後來，人們評論尼克森這次演講成功的關鍵，認為就在於他的演說具有兩大特點：一是「真誠」，二是「淳樸」。當時，處於

人與人的交往，
就是心與心的較量！

絕望邊緣的尼克森，竟然不以副總統候選人的身分，而是以一個普通人的形象出現在公眾面前，與別人話家常，他講述的生活細節富有人情味，所以才可以說服別人，獲得他們的信任。

每個人都有一顆心，那是一顆貌似冷酷無情，實則充滿同情的柔軟之心。只看你如何以真誠輕柔的觸角去觸動別人的弱點，進而以點帶面，震撼別人的心，讓別人因此而感動並且站到你這一邊。

用眼淚沖垮別人的心理防線

哭或者哀怨，在某些場合不是懦弱的表現，而是最強大最有效的可以衝破對方心理防線的工具。

在日本的一次國會議員選舉中，有一位田中派的候選人，由於田中形象的陰影使他處於不利的形勢，雖然後來當選了，但惡劣影響一直都在。於是他就採取「我被沉重的田中事件的十字架壓得透不過氣」等低姿態，以流淚的神情來爭取民眾的同情，他的夫人也立於街頭，向來往的行人哭訴，因此獲得了多數民眾的同情。

此外，告狀的時候，眼淚這招也很管用。有人說女人告狀比男人強，因為女人說著說著，眼眶就紅了，眼淚就不由自主地淌了下來，聽者就是鐵石心腸，也免不了會動惻隱之心。

可是事實上，大多數告狀者都是心裡有氣，積鬱已久，一旦有了訴說機會，總是難抑內心激動，往往情緒憤懣，言詞激烈，給人的感覺不像是一個受害的弱者，而是一個咄咄逼人的強者。

一位遭人欺凌的受害者在向老闆告狀時十分衝動，口出狂言汙語，使得老闆很反感，因而將他的問題拖著，遲遲不予解決。後來，此人絕望了，痛苦不堪，幾欲輕生，反而引起老闆的同情與重視。

這不是說，凡是說服別人都要擺出一副可憐兮兮的樣子，流下幾滴眼淚。而是說，凡是說服者在說服別人的時候，應該設法激發對方的同情心，使對方首先從感情上與你靠近，產生共鳴。這就為說服的成功打下了基礎，人非草木，孰能無情，只要你將「情」字文章做夠，說服別人的時候，別人是會動心的。

在你來我往的攻心較量中，不一定都要是蠱惑人心的激昂辭令，偶爾聲淚俱下的真情告白更可以顯示出攻心者真摯的一面。

微笑是全世界通用的語言

真誠的微笑，其效用如同神奇的按鈕，可以立即接通別人友善的感情，因為它在告訴對方：「我喜歡你，我願意做你的朋友。」同時也在說：「我認為你也會喜歡我。」

鋼鐵大王安德魯‧卡內基的高級助理查爾斯‧施瓦布說：「我的微笑價值一百萬美金。」這可能有些誇張，因為施瓦布的性格，他的魅力，他那種富有吸引力的才能，都是他成功的原因。他動人的微笑確實讓人有好感。微笑經常比語言更有力。

威廉‧史坦是一位股票經紀人，在知道了微笑的神奇作用以後，用了一個星期進行專門的訓練，每時每刻都對身邊的人微笑。他在給朋友的信中談到了這件事：

「我已經結婚十八年了，在這段時間裡，從早上起來到上班，我很少對我太太微笑，或對她說上幾句話。我是百老匯最悶悶不樂的人。

「我聽到微笑的作用以後，就決定試一個星期看看。因此，第二天早上梳頭的時候，我就看著鏡中我的滿面愁容，對自己說：『你今天要把臉上的愁容一掃而空。你要微笑起來。你現在就開始微笑。』當我坐下吃早餐的時候，我說：『早安，親愛的。』結果我的太太說我微笑的時候，充滿了慈祥。

「我還改掉了批評別人的習慣。我現在只賞識和讚美別人，不蔑視別人。我已經停止談論我想要的，而試著用別人的觀點來看事物。這一切真的改變了我的生活。我變成一個完全不同的人，一個非常愉快的人，一個更富有的人，在友誼和幸福方面都過得很滿足，這才是真正重要的。」

微笑是一種令人愉悅的表情，是一種含義深遠的體態語，在公關活動中有很重要的作用。微笑可以縮短人與人之間的心理距離，迅速增加親近感。生活裡，不管是和相識的還是和不相識的人在一起，不管是去找人辦一件事還是想結識一位新夥伴，一個熱情的微笑，都會像一縷霞光，給人溫暖，使人感到輕鬆愉快；冷漠的、古板的態度，只會讓人感到難堪，產生被人拒之於門外的隔閡心理。

微笑還含有另外一層意義：你值得我對你微笑。波納羅•奧弗斯特曾經說：「我們對別人微笑，別人也會對我們報之以微笑。也可以說，我們從眾人之中選中了他，我們已經承認了他，並且給予他一個特殊的地位。」

一個紐約百貨公司的人事經理說他寧願雇一名有可愛笑容而沒有念完中學的女孩，也不願意雇用一個板著冷冰冰面孔的哲學博士。由此可見，微笑是一種多麼令人愉悅的表情。

最後，還是讓我們記住艾勃・哈巴德這段賢明忠告吧：

每當你出門的時候，把下巴縮進來，頭抬得高高的，肺部充滿空氣，沐浴在陽光中，微笑著招呼你的朋友們，每次握手都使出力量。不要擔心被誤解，不要浪費一分鐘去想你的敵人。

以「笑」坦然面對困境

建安十三年（二〇八年）冬，曹操兵敗赤壁。

這是一場令史家扼腕的慘敗。經此一役，雄霸北方的曹操永遠失去一統天下的機會。

八十三萬雄兵壓境，卻在一夜間被蜀吳兵打敗了。曹操從一個統兵近百萬的主帥變成倉皇逃命的走卒，但是敗走途中，他卻笑了。

烏林，樹木叢雜，山川險峻，操仰天大笑不止。眾將問何故，操曰：「吾不笑別人，單笑諸葛亮無謀，周瑜少智。若是我用兵，先在此處設下一支伏兵，吾輩只得束手就擒矣！」一語未必，兩邊鼓聲震響，趙子龍來了，好一陣掩殺，曹操倉皇逃得性命。又行一段，卻聽他再次仰天大笑。眾將問何故，操曰：「吾笑諸葛、周瑜畢竟智謀不足。若是我用兵，在此也伏一彪軍馬，以逸待勞，我等縱得逃命，也不免重傷矣，彼見不到此，我是以笑之。」正說間，喊聲四起，山口一軍擺開，為首一人橫矛立馬，正是燕人張翼德，自然又是一陣掩殺。操迤邐奔逃，終於逃到華容道上，曹操第三次仰天長笑。眾將皆惑，曹操說：「若使此處伏一旅之師，吾等皆束手受縛矣。」言未畢，一聲炮響，關雲長來也。

曹操一次比一次笑得勉強，但也顯示出他山窮水盡之時也不會絕望的心態。曹操是一個從不肯認輸的人，這種性格是值得我們學習、研究的。人失敗了而唉聲歎氣，可能再也爬不起來；只有像曹操那樣不肯認輸，才有可能敗中求勝，反敗為勝，做到今日失敗明日勝利，一時失敗一生勝利。

首先，曹操要用笑聲來驅除失敗的痛苦，為垂頭喪氣、失魂落魄的手下打氣。其次，曹操透過譏笑周瑜、諸葛亮「無謀」「少智」，來掩飾自己的失算，維持自己在精神上的優越感，以求恢復自己的心理平衡。同時，這笑聲顯示出他不願意認輸，不會從此一蹶不振，決心東山再起，日後再與周瑜、諸葛亮決雌雄的英雄氣概。曹操的笑聲，是大丈夫的笑聲，是真正的英雄的笑聲。他簡直把戰爭當成藝術，雖然輸了，卻還在為對手的作品的不盡完美處感到遺憾，直到三笑笑出了三支兵馬，才消除了他的遺憾。

儘管他一潰千里，但是他還可以不為失敗而失去雄心壯志，非大英雄豈能如此瀟灑地笑對人生？

笑，也可以說是曹操的一種「威懾力量」。關鍵時刻大笑，可以使人出人頭地，出類拔萃。《三國演義》第四回寫董卓專權，漢朝社稷危在旦夕之時，「王允設宴後堂，公卿皆至」「酒行數巡，王允忽然掩面大哭」，隨後「眾官皆哭」。此時，「坐中一人撫掌大笑曰：『滿朝公卿，夜哭到明，明哭到夜，還能哭死董卓否？』允視之，乃驍騎校尉曹操也。允怒曰：『汝祖宗亦食祿漢朝，今不思報國而反笑耶？』操曰：『吾非笑別事，笑眾位無一計殺董卓耳。操雖不才，願即斷董卓頭，懸之都門，以謝天下。』」這一笑，顯示曹操高人一籌，有膽有識，有勇有謀。設想，曹操如果不笑，而是和滿朝公卿一起哭個不停，他可以引起大家的佩服和敬重嗎？

宰相肚裡能撐船。面對困難與挫折，面對慘澹的人生，開懷大笑正是胸懷廣、度量大，能容人、能容事的表現。

第三章

求人辦事，誘之以利

興趣、利益誘惑法

人們在辦事的時候，對方能不能答應你的要求，能不能全力幫助你把事情辦成，關鍵在什麼？關鍵在他心裡是怎麼想的。他的心理世界是怎麼想問題的，就決定了他對你提出的事是給辦還是不給辦。心理學家告訴我們，人們怎樣想一件事情完全是外在情趣和利益誘惑的結果。他對A感興趣或者想從A那裡獲得一些東西，他就會說對A有利的話，也會做對A有利的事；反之，他便具有原始的不自覺拒絕的心理。所以，人們在辦事的時候，想要爭取對方應允或幫忙，就應該設法引起對方對這件事產生積極的興趣，或者設法讓對方感覺到辦完這件事後會得到自己感興趣的利益。

很顯然，人們對什麼事有興趣或認為做什麼事會有滿意的回報，就會樂於對什麼事投入感情，投入精力，甚至投入資金。這種辦事方法就叫做興趣、利益誘惑法。

利用興趣、利益誘惑法必須讓對方感到自然愉悅，深信不疑，大有希望。只有利用興趣或利益把對方吸引住，對方才肯為你的事付出代價。

興趣、利益誘惑法在具體運用的時候，也有一些小竅門。

用興趣讓對方跟著自己

利用那些新穎的東西來引起對方強烈的注意，引起對方的好奇心，使對方經常情不自禁、窮追不捨地要弄個明白。這時對方就會對你產生強烈的興趣，不由自主地跟你「黏」在一起，再進一步，就可能會被你牽著鼻子走了。

但要注意的是，當我們很謹慎地根據對方的經驗、興趣，而設法接近對方時，除了拿出「新穎」的東西之外，還得摻和著一些對方「熟悉」的成分即與對方的經驗接近的東西。因為我們的目的是不僅要抓住對方的注意，還必須把握住對方的注意力而使對方折服。

誘之以利，讓對方感覺到希望的牽引

吊人胃口，也可以說是「利而誘之制人術」，是「誘之以利，將欲予之，而先不予」，讓想要得到利益之人長期生活在隱隱約約的希望之中。這樣，就會讓這個抱著希望的人死心塌地地為你辦事。

這個心理規則可以給要辦事的朋友一個很好的啟示：首先，想要達到自己的目標，就必須刺激起對方的欲望，暗示只要能辦成事，好事就在後頭，並且不時地給一些甜頭，讓他相信你所說的並非是一句空口大話。於是，在不斷的刺激下，他的欲望也就被挑了起來，這時就是你牽著他鼻子走的時候。

資本全在自己開發，一無所有本身就是資本：你有寶貴的生命，你有一個發達的大腦，你有無牽無掛的瀟灑。於是，你會根據那時那刻的各種條件設計出一個最有效的辦事方案，付諸行動，保證你可以成功。

此外，我們不必有求於人就感覺低人一等的被動消極想法，而應該利用本身的資本去吸引他，去打動他，這才是辦事的最高境界。

天下熙熙，皆為利來

孟嘗君田文受國君寵愛時，一大批人投奔到他的門下，最多時食客有好幾千人。後來，國君對他起了疑心並撤掉了他的職務，他只好離開國都，回到自己的封地。讓他萬萬沒有想到的是，幾千個平時口口聲聲仰慕他、願意終生追隨他的食客，一下子走得沒影了，只有一個名叫馮諼的人願意繼續跟著他。

後來，在馮諼的策劃下，國君重新信任田文。田文官復原職，那些當初棄他而去的食客，都表示出很懊悔並想繼續追隨他的意思。田文恨恨地對馮諼說：「他們當初棄我而去，現在還有臉回來？誰好意思走到我面前，我一定要將唾沫吐在他臉上！」

馮諼勸道：「一個人富貴了，賓客自然多；貧賤了，賓客自然少，這是必然的道理。以前，人家爭先恐後地投奔你，是因為你這裡有他們需要的東西；後來他們離開你，是因為你這裡已經沒有他們需要的東西了，有什麼可抱怨的？」

田文恍然大悟，心裡的怨意頓消。後來，那些食客陸續前來投奔，他一如既往地接待他們，並且毫無芥蒂。

許多人認為，真摯的感情必須超脫利益關係，否則就不純潔了。

其實，從廣義上說，利益不僅包括金錢，還包括其他具有吸引力的東西，比如財富、權勢、才能、相貌、品德、力量、健康等都是有形或無形的利益。一個人愛上另一個人，一定是喜歡他擁有的某種利益，想要得到超越利益關係的「純潔」的愛，根本是不可能的。一個漂亮女孩會愛上一個窮困潦倒、胸無點墨，還有酗酒和賭博等惡習的乞丐嗎？這是不可能的。

從單項利益來說，愛財或愛才並無差別。認為愛財就趣味低，愛才就品味高，只是酸文人的片面之詞，人們真正追求的還是綜合利益。女孩的夢中情人是白馬王子，男孩的夢中情人是白雪公主，很大程度上是因為王子和公主能滿足他們所需求的利益。

某些人不管自己這個方面是否有值得愛的地方，就要求得到對方超脫利益關係的真愛，是不現實的。如果問愛他們什麼，他們會說：愛我的心。但是，如果他們的心裡沒有善意只有惡念，沒有溫暖只有冷酷，沒有寬厚只有自私，又有什麼可愛之處？

所以，超越利益關係的愛是不合邏輯的，推斷起來，它的結論是：「因為是我，所以你應該無條件地愛我。」這是小孩子對父母的要求，不適合現實的成人世界。

人與人的交往，
就是心與心的較量！

大人物都知道，世上沒有無緣無故的愛，因此他們從不要求別人無條件的愛。要求別人無條件的愛，就像買東西不給錢一樣，是不合理的。我們只有不斷提升自己，讓自己有值得別人去愛的東西，我們才將永遠不乏別人的愛。

利益均霑，一榮俱榮

美國南部某州，每年都要舉行一次南瓜大賽。有一位農場主年年都奪得金獎，而且每次得獎後，都會把種子分給鄰居。

有人問他為什麼如此好心，他說：「我這樣做其實是在幫自己。為什麼？如果別人家的南瓜品種很差，蜜蜂在傳花授粉時，勢必會使我家的南瓜受到汙染，這樣就培養不成優質南瓜了。」

天下事都是如此：一榮俱榮，一損俱損。所以，無論你如何努力發展自身能力，都比不上三個以上的人合作產生的力量大。如果你想要取得成功就要設法幫助身邊的人一同強大起來，而不是削弱他們以顯示自己。所以想要合作制勝，就一定要培養「利益均霑」的理念，拋棄「獨享其功」的思想。

小人物並非都是沒有能力的人，他們的問題是，只追求自己的成功，不管別人成功甚至不

人與人的交往，
就是心與心的較量！

希望別人成功，所以他們不能將自己的能力跟團隊很好地融合在一起以獲得昇華。

我們需要切記的是，只有優秀的團隊，沒有優秀的個人。處在一個失敗的團隊，個人再優秀，也是失敗者。所以，我們要考慮的不僅僅是自己如何成功，同時也要考慮如何幫助別人、幫助團隊獲得成功。

孫武「率三萬軍，橫行天下無敵」，不是他自己有多麼神勇，而是他懂得用上乘兵法約束部下，使團隊潛力發揮得淋漓盡致。項羽不願學劍法，要學「萬人敵」的本事，因為他知道，雖然自己天生神力，能舉千斤重鼎，對付三五十個人不成問題，但遇到千軍萬馬也還是沒戲。

總之，合作意識、分享意識是一個想成功的人必須具備的。

投其所好，巧灌「迷魂湯」

第二次世界大戰後期，日軍在南太平洋戰場上節節敗退。一次，美軍攻佔了一個日軍駐守的島嶼，日軍殘餘部隊退縮到一個山洞中負隅頑抗。美軍喊話讓他們投降，並許諾優待他們，絕不傷害他們的性命。但日軍不為所動，繼續朝洞外開槍。因為他們滿腦子武士道思想，不像美軍士兵那麼愛惜生命。

此時，一位美軍士兵開玩笑說：「如果投降，可以帶你們到好萊塢瞻仰女明星的風采。」話音剛落，槍聲便停了。接著，日本兵一個個爬出洞穴繳械投降了。

那位美國兵真是說到重點了，這群日本兵不怕死，但卻仰慕明星。聽說可以有機會見識神話般的女明星，又有了生的欲望。後來，美軍司令部為了維護信譽，真的安排他們到好萊塢一遊，讓他們大飽眼福。

有一句話說得好：「瞭解人性人情，你就無所不能。」瞭解對方喜歡什麼，討厭什麼，渴望什麼，害怕什麼，你就可以控制對方的心情，牽著他的鼻子走了。

人的正常心理是：盡量逃離自己害怕的事物，而趨向自己渴望的事物。你只要知道對方害怕什麼，喜歡什麼，並且施展適當的手段，你就可以拿住他的七寸。

懂得控人之術，可以使對方像喝了「迷魂湯」一樣，隨著你的指揮棒轉，以下介紹兩種「灌迷魂湯」的技巧。

第一種是，激發對方內心的欲望。人的欲望不盡相同，根據不同對象，找出他心中最渴望的事，重點突破，就可以撕開他的心理防線。

人既有個性，又有共性。「飲食男女，人之大欲存焉」，這是共性。就個性而言，就要根據具體對象來考察，沒有定規。要激發對方的欲望，最好從個性入手，探知他心中最渴望的東西，並且提供恰如其分的誘餌，然後他就會上鉤。

第二種是，找準對方的興趣點，投其所好。投其所好就是關注對方的興趣，從對方的興趣出發，談論對方感興趣的事，以達到自己的目的。

投其所好，是一門藝術、一種智慧，也是一種溝通手段。它需要結合你的知識、才能，向對方發起心理攻勢，直至「俘獲」對方的心，進而達到自己的目的。

孔子的弟子子貢遊說四國的故事，是一個非常典型的例子。

春秋時期，齊簡公派大將國書率大軍進攻魯國。實力不濟的魯國岌岌可危。子貢自告奮勇，決心以三寸不爛之舌拯救魯國。他知道國書與齊相國田常是政敵，於是他來到齊國，對田常說：「憂患在外面，應該先攻弱敵；憂患在內部，應該先攻強敵。你現在讓國書去攻打弱小的魯國，不是讓他建立功勞，培養勢力，削弱你自己嗎？」

田常一聽有理，忙問怎麼辦。子貢告訴他，應該讓國書去攻打強大的吳國。田常為難地說，齊國大軍已向魯國進發，中途改道進攻吳國，沒有道理。子貢表示自己可以為他找到理由。田常欣然應允。

子貢又馬不停蹄地趕到吳國。他知道吳王夫差野心勃勃，做夢都想稱霸天下。於是，他對夫差說：「假如齊國吞併魯國，實力增強，必然轉攻吳國，大王不如先下手為強，聯魯伐齊。這樣大王不僅可以獲得扶助弱小的美名，又可向諸侯顯示實力，稱霸天下指日可待。」

夫差一聽就動心了，可是他又擔心大軍出發後，越國會趁虛而入。子貢表示願意為他解除後顧之憂。他知道越國跟吳國有亡國之恨，時時圖謀復仇。於是，他來到越國，對越王勾踐說：「心中的圖謀被敵人知悉，是很危險的事啊！現在吳國想出兵伐齊，卻怕越國乘虛而入，是不是對大王有所懷疑？」

勾踐大吃一驚，忙問怎麼辦。子貢勸他出兵幫助吳國伐齊，以打消吳王心中的疑慮。勾踐欣然應允。就這樣，吳越聯軍便浩浩蕩蕩向齊國進發了。子貢知道吳國必勝，到那時，吳國可能會趁勢進攻晉國，兼併魯國。為了消除隱患，他又跑到晉國，勸晉王早做準備。

後來的事一如子貢所料：吳軍與齊軍大戰，大獲全勝，齊軍主帥國書死於亂軍之中。吳軍乘勝進攻晉國。晉軍以逸待勞，擊退吳軍，吳王夫差鎩羽而歸，魯國之危終於解除。

子貢抓住各個說服對象的興趣點，施展如簧巧舌，結果把各國首腦人物玩得團團轉，實在是深得控人之道。

由此可見，投其所好不僅是一種求人辦事的手段，更是一門高超的攻心藝術。

許多大人物，除了在事業上有超人的智慧和膽略以外，在娛樂愛好方面也有高雅的情趣，有的愛打網球，有的精於牌術，有的擅長釣魚……從這些人的愛好特長和藝術修養中，可以看到他們豐富的情感世界和對生活的強烈熱愛。

遇到品味高雅的大人物，如果你正好與他興趣相投，就有更多的機會結為知交，在請教切磋中增進友誼，加深瞭解，也會為今後的辦事創造有利條件。物以類聚，人以群分。每個人主觀上不自覺地就會喜歡自己的同類。所以，如果想要打動求你辦事的人，不妨投其所好。

滿足對方的欲望

楚、漢爭霸時，在滎陽一帶展開拉鋸戰，誰也沒有佔到多大優勢。於是雙方約定，以鴻溝為界，中分天下，其西歸漢，其東歸楚。

漢四年（西元前二〇三年）九月，項羽解圍東撤，劉邦也要引兵西歸。張良充分認識到此時的項羽因為剛愎自用，到了眾叛親離、捉襟見肘的地步。於是，張良、陳平二人同諫劉邦，希望他趁機滅楚，免得養虎遺患。劉邦從諫，親自統率大軍追擊項羽，另外派人約韓信、彭越合圍楚軍。

漢五年（西元前二〇二年）十月，漢軍追到一個叫固陵的地方，卻不見韓信、彭越二人前來馳援。項羽回擊漢軍，劉邦再次敗北。劉邦躲在山洞中，不勝焦躁，詢問張良道：「諸侯不來踐約，那將怎麼辦？」張良是一位工於心計的謀略家，他隨時關注著幾個影響時局的重要角色的一舉一動，探索著他們心靈深處的隱秘，並且籌劃著應對之策。

當時，雖然韓信名義上是淮陰侯，彭越是建成侯，實際上卻只是空頭銜，沒有一點封地。因此，張良回答劉邦：「楚兵即將敗亡，韓信、彭越雖然受封，卻未有確定疆界，二人不來赴援，原因就在於此。你若能與之共分天下，當可立即招至二將。若不能，成敗之事尚無法預料。我請你將陳地至東海的土地劃給韓信，睢陽以北到穀城的土地劃歸彭越，讓他們各自為戰，楚軍將會很容易被攻破。」劉邦一心要解燃眉之急，聽從了張良的勸諫，不久，韓信、彭越果然率兵來援。十二月，各路兵馬會集垓下。韓信設下十面埋伏，與楚決戰。項羽兵敗，逃到烏江自刎。長達四年之久的楚漢戰爭，以劉邦的勝利而告終。

無論是偉大領袖，還是聖賢哲士、凡夫俗子，每個人都有缺點，都有被人利用的弱點。為人處事，你掌握了對方的弱點而利用之，處理問題或求人辦事就可以被對方認可與接受。這是一種主動出擊的戰術，如果可以運用得恰到好處，一切都將得心應手、稱心如意。

人們無時不在為名而生存，無時不在為利而生存。世間有為名甚於為利的人，有為利甚於為名的人，有既為名又為利的人。有名義上是為名，實際上是為利的人，有名義上是為利，實際上是為名的人。你需要做精到細緻的觀察，使利用的技巧恰到好處，不留痕跡。

在處理韓信、彭越索要實惠這件事情上，張良做得十分周到，也充分利用人性的弱點——好名、好利。劃歸一些封地給他們，就滿足了他們的心願，使他們各自盡力而戰。

在求人辦事的時候，與其讓他為你辦事，不如讓他為自己辦事。後者比前者的成功率要高得多。

周文王在渭水的北岸見到了正在直鉤釣魚的姜太公。太公說，用人辦事的道理和釣魚有點相似之處：一是祿等以權，即用厚祿聘人與用誘餌釣魚一樣；二是死等以權，即用重賞收買死士與用香餌釣魚一樣；三是官等以權，即用不同的官職封賞不同的人才，就像用不同的釣餌釣取不同的魚一樣。

姜太公接著說：「釣絲細微，餌食可見時，小魚就會來吃；釣絲適中，餌食味香時，中魚就會來吃；釣絲粗長，餌食豐富時，大魚就會來吃，魚貪吃餌食，就會被釣絲牽住；人食君祿，就會服從君主。所以，用餌釣魚時，魚就被捕殺；用爵祿收羅人才時，人就會盡力辦事。」

如果一個人有特殊的欲望，這個特殊的欲望就是他特有的弱點。你抓住了他的弱點，並滿足了他的欲望，他就樂於效忠於你。利用人們心中真正的欲望去制約他，讓他為我辦事，姜子牙的方法可謂恰到好處。

人與人的交往，
就是心與心的較量！

想要辦成事，最好事換事

俗語中的「投之以桃，報之以李」，就表現了找人辦事的心理原則。你幫我辦事，我就幫你辦事。在現代社會裡，人們辦事都希望得到立竿見影的效果，這種事若發生在企業間或一般人際關係之間，似乎情有可原，若發生在權力間，就不妥當了。

著名的社會心理學家霍曼斯提出，人際交往在本質上是一個社會交換的過程，也就是事換事的過程。長期以來，人們最忌諱將人際交往和交換聯繫起來，認為一談交換，就很庸俗，或者褻瀆了人與人之間的真摯的感情。這種想法顯然不適應找人辦事的規律，因為我們在找人辦事的交往中，總是在交換著某些東西，或是物質上的，或是感情上的，或是其他的。

假如你去找人辦事，就要先評估自己是否可以幫對方辦事，有沒有什麼本事作為交換條件。你貿然開口去找人幫忙，只是徒討沒趣而已。

所謂交換條件，可以是物質的，也可以是非物質的。你的某種能力被對方認為很需要，這種能力就是交換條件。你是一個有地位的人，對方如果認為需要你，你的財力、勢力、地位就是交換條件。或是你的活動能力特別強，對方認為你的前途大有希望，這也是你的交換條件。

找人辦事，讓對方知道你有能力為他辦事，他可以從你這裡得到好處，或者知道你有利用價值，或者你已替對方辦了什麼事，只要你開口，你想辦之事，別人就會盡心盡力替你辦好。你不替別人辦事，就不要奢望別人替你辦事。

在生活中不乏這樣的現象：在求對方辦事的時候，對方不情願為你白忙，他希望你也可以幫他做些事情，有的甚至希望在他為你辦事之前，你得先為他辦成某事。如果瞭解對方的這種心理，主動滿足他的欲望，他就會很痛快地幫助你。

求人辦事講究事換事，某些事該不該為你辦，首要的是看你是否可以幫他辦事，或者你有沒有幫他辦事的潛力，到時能否為他所用。求人與被人求，是一筆人情債。儘管人情債無法精確地計算，但也要心中有數。有時對方沒有什麼需要幫忙的，此時你就要讓對方精神上得到滿足，表現出對對方的崇拜和尊敬，不斷地誇獎對方的能力。

如果你與對方關係很密切，求他幫忙時，他不會提出條件，你也要多為對方考慮，盡量多為對方解決一些困難。不論關係多密切，你總求人家辦事，而沒有回報，時間久了也就不行了。

有「禮」走遍天下

求人辦事，「禮」是缺不得的。一般而言，可以從受禮者的年齡、性別、個性、喜好，以及送禮者希望傳達的心意來著手，再因人、因事、因地，選擇適合的禮物，例如送情人的禮物以具紀念性為佳，送長輩則以實用為主。當然，最好的禮物應是根據對方的興趣、喜好來選擇。同時，在選禮時也不要忘了考慮趣味性、紀念性、藝術性，及適時加上一點創意，如此一來，保證能教人歡喜。

查爾斯是紐約一家銀行的秘書，奉命寫一篇有關欲吞併另一小銀行的可行性報告，但事關機密，他知道只有一個人可以幫助他擁有他非常需要的那些資料——那個人曾經在那家銀行效力了十幾年，不久前他們變成同事。於是查爾斯找到這位同事，請他幫忙。當他走進這位叫做威廉・華特爾的同事的辦公室時，華特爾先生正在接電話，並且聽到他很為難地說：「親愛的，這些天實在沒什麼好郵票帶給你了。」

「我在為我那十二歲的兒子搜集郵票。」華特爾掛了電話以後解釋道。

查爾斯說明了他的來意，開始提出問題。但也許是華特爾對他過去的組織感情頗深吧，竟不很願意合作，因此說話含糊、概括、模稜兩可。他不想把心裡的話說出來，無論怎樣好言相勸都沒有效果。這次見面的時間很短，沒有達到實際目的。

起初，查爾斯很著急，不知該怎麼辦才好。情急之中突然想起華特爾為他兒子搜集郵票的事情，隨即想起他的一個朋友在航空公司工作，一度喜歡搜集世界各地的郵票。

第二天一早，查爾斯帶了一些以一頓法式大餐為代價換來的精美郵票，坐到了華特爾的辦公桌前。華特爾滿臉帶著笑意，客氣得很。「我的喬治將會喜歡這些，」他不停地說，一面撫弄著那些郵票，「瞧這張，這是一張無價之寶。」

於是，他們花了一個小時談論郵票，瞧喬治的照片，然後華特爾又花了一個多小時，把查爾斯所想要知道的資料都說了出來——查爾斯甚至都沒有提議他那麼做。他不僅把他所知道的全都說了出來，而且還當即打電話給他以前的一些同事，把一些事實、數字、報告和信件中的相關內容，全部告訴了查爾斯。

在如今的商業社會中，「利」和「禮」往往是連在一起的，通常是先「禮」後「利」，有禮才有利，這已經成為商業交際的一般規則。在這個方面，道理不難懂，難就難在操作上，你送禮的功夫是否到家，不顯山露水，卻可以打動人心。只有巧妙掌握送禮的技巧，才可以把整個送禮過程畫上一個漂亮的句號。

令人最頭痛的事，莫過於對方不願接受或嚴辭拒絕，或婉言推卻，或事後送回，都令送禮者十分尷尬，賠了夫人又折兵，真夠慘的。怎樣才可以防患於未然，一送中的？關鍵就是藉口找得好不好，送禮時說的話圓不圓，你的聰明才智應該多用在這個方面。送禮通常有以下辦法：

借花獻佛

如果你送土特產品，你可以說是老家來人捎來的，分一些給對方嘗嘗鮮，東西不多，又沒花錢，不是特意買的，請他收下。一般來說受禮者那種因盛情無法回報的拒禮心態可望緩和，會收下你的禮物。

暗渡陳倉

如果你送的是酒一類的東西，不妨假借說是別人送你兩瓶酒，來和對方對飲共酌，請他準備點菜。這樣喝一瓶送一瓶，禮送了，關係也近了，還不露痕跡，豈不妙。

借馬引路

有時候你想送禮給人，而對方卻又與你八竿子打不著，你不妨選受禮者的生日、婚禮等，邀上幾位熟人一同去送禮祝賀，受禮者一般不好拒絕。當事後知道這個主意是你出的時，必然改變對你的看法。借助大家的力量達到送禮聯誼的目的，實為上策。

移花接木

老張有事要托小劉去辦，想送一點禮物疏通一下，又怕小劉拒絕駁了自己的面子。老張的妻子與小劉的妻子很熟，老張就運用伴侶「外交」，讓妻子帶著禮物去拜訪，一舉成功，禮也收了，事也辦了，兩全其美。看來，有時候直接出擊不如迂迴策略更可以收到奇效。

先說是借

假如你是向家庭困難者送一些錢物，有時候他們自尊心很強，不肯輕易接受幫助。你若送的是物，不妨說，這個東西我家擱著也是閒著，你拿去先用，日後買了再還；如果送的是錢，可以說拿些先花，以後有了再還。受禮者會覺得你不是在施捨，日後可以還，會樂於接受的。這樣你送禮的目的就可以達到了。

借雞生蛋

一位學生受老師恩惠頗多，一直想回報，但苦無機會。一天，他偶然發現老師紅木鏡框中鑲著字畫竟是一幅拓片，跟屋裡雅致的陳設不太協調。正好，他的叔父是全國小有名氣的書法家，手頭正有他贈的字畫，學生立刻把字畫拿來，主動放到鏡框裡。老師不僅沒反對，而且非常喜愛。學生送禮回報的目的終於達到了。可見，如不能「雪中送炭」，「錦上添花」也是良策。

借路搭橋

有時送禮不一定自己掏錢去買，然後大包小包地送去，在某種情況下人情也是一種禮物。例如，你可以透過一些關係買到出廠價、批發價、優惠價的東西，當你為朋友同事買了這些東西後，他們在拿到東西的同時，已將你的那份「人情」當作禮物收下了。你未花分文，只是搭上一點人情和功夫，而收到的效果與送禮一般無二。受禮者因為交了錢，收東西時心安理得，毫無顧慮；送禮者無本萬利，自得其樂。

第四章

以真情打動別人的心

動人心者，莫先乎情

美國《讀者文摘》一九八八年第一期中的〈第六枚戒指〉，講了一個巧用暗示的故事：

那是在美國經濟大蕭條時期，有一位十七歲的女孩好不容易才找到一份在高級珠寶店當售貨員的工作。在聖誕節的前一天，店裡來了一位大約三十歲的貧民顧客。他衣著破爛不堪，一臉的悲哀、憤怒，他用一種難以描述的目光，盯著那些高級首飾。

女孩要去接電話，一不小心把一個碟子碰翻，六枚精美絕倫的鑽石戒指落在地上。她慌忙撿起其中的五枚，但第六枚怎麼也找不著。此時，她看到那個三十歲的男子正向門口走去，頓時，她醒悟到了戒指在哪裡。

男子的手將要觸及門柄時，女孩柔聲叫道：「對不起，先生！」

那個男子轉過身來，兩人相視無言，足足有一分鐘。

「什麼事？」他問，臉上的肌肉在抽搐。

「什麼事？」他再次問道。

「先生，這是我的第一份工作。現在很難找工作，是不是？」女孩神色黯然地說。

男子一直審視著她，終於，一絲柔和的微笑浮現在他的臉上。

「是的，確實如此，」他回答，「但是我可以肯定，你在這裡會做得不錯。」

停了一下，他向前一步，把手伸給她：「我可以為你祝福嗎？」

女孩立刻也伸出手，兩隻手緊緊握在一起。她用十分低柔的聲音說：「也祝你好運！」他轉過身，慢慢走向門口。女孩目送著他的身影消失在門外，轉身走向櫃檯，把手中握著的第六枚戒指放回原處。

這是一起失竊案，一般來說，人們通常的處理方式，不外乎是設法抓住盜竊者。但是這位女孩卻沒有這樣簡單地處理，而是用一席話彬彬有禮地達到預想的目的。這種巧用暗示的攻心技巧值得人們細細品味。

這件事情是發生在美國經濟大蕭條的時候，很多人找不到工作，經常是一份差事幾十個人、上百個人爭奪，女孩的這份工作尤為珍貴，如果被盜走了一枚戒指，其後果不堪設想。即使抓住盜竊者，奪回戒指，張揚出去，被老闆知道個中原委，女孩也會因工作疏忽而被解雇。何況那是一個落魄者，善良的女孩不想雪上加霜，傷害這個走投無路的失意人。

「對不起，先生！」女孩首先用禮貌稱呼語，語氣適中，不慌不忙地叫住了這位男子。這樣既傳遞了訊息，又製造了一個互相尊重、和諧融洽的氣氛。如果當時慌不擇語，或者語氣過重，可能造成那個男子三步併作兩步消失在門外，或許會驚動其他同事，那不是女孩所希望的。而且，這樣的禮貌稱呼不僅製造了氣氛，還有兩層言外之意：一是你有偷盜戒指的嫌疑；二是你放心，我絕不會用粗暴的方式對待你。

那個男子接連問了兩個「什麼事」以後，聰明的女孩從他的表情以及問話的方式腔調中肯定了自己的判斷，也洞察到他微妙的內心世界。她感到眼前這個男子不是那種慣竊，而是被窮困所迫的一念之差，很可能會接受自己的處理方式。女孩決定繼續採取含蓄的暗示——動之以情，曉之以理，以此來達到目的。

「這是我的第一份工作」，暗示我也和你一樣，千辛萬苦找不到工作，現在是頭一回工作，我們同是天涯淪落人，應該同病相憐才對，藉以引起感情上的共鳴。「現在很難找工作」，意在為前一句話作陪襯，言外之意是如果你把這枚戒指拿走，我就要失去這份差事，再找工作就很困難了，就像你現在一樣。這兩句話把自己和那個男子感情上的距離拉得很近，末了還用了「是不是」這樣的疑問句，藉以引起男子進一步的思考，加強語意力度，擴大暗示效果。

人與人的交往，
就是心與心的較量！

男子傳達出願意歸還戒指的訊息時，女孩不失時機地握住他的手，說上一句「也祝你好運」，表達自己由衷的謝意和美好的祝願，撫慰失意人感情上的失落和內疚。

女孩的真情流露，收到出人意料的效果。世上沒有天生的壞人，即使那些十惡不赦的人內心深處也有真愛。當我們用真情撥動他心中的那根弦時，他就一定會收到愛的呼喚，做出正確的抉擇。

為人置梯，以德報怨

一家百貨公司的顧客要求退回一件外衣。她已經把衣服帶回家並且穿過了，只是她丈夫不喜歡。她解釋說：「絕沒穿過。」要求退換。

售貨員檢查了外衣，發現有明顯乾洗過的痕跡。但是，直截了當地向顧客說明這一點，顧客是絕不會輕易承認的，因為她已經說過「絕沒穿過」，而且精心掩飾穿過的痕跡。這樣，雙方可能會發生爭執。於是，機敏的售貨員說：「我很想知道是否你家中的某位成員把這件衣服不小心送到乾洗店去了。我記得不久前我也發生過一件同樣的事情，我把一件剛買的衣服和其他衣服一起堆放在沙發上，結果我丈夫沒注意，把那件新衣服和一大堆髒衣服全部塞進了洗衣機。我想你是否也會遇到這種事情——因為這件衣服的確看得出已經被洗過的明顯痕跡。不信，你可以跟其他衣服比較一下。」

顧客看了看證據，知道無可辯駁，而售貨員又為她的錯誤準備好了藉口，給她一個台階下——於是順水推舟，乖乖地收起衣服走了。

對方已經做出一定的許諾，宣布了他堅定的立場，而自己又不能為了討人歡心而改變自己的立場時，你要改變他的心理藝術就是以德報怨。首先要顧全他的面子，因為他若同意你的意見，也就等於承認他是故意撒謊，他的自尊心使他難於接受。

精明的攻心者知道怎麼以百倍的誠心去感化找麻煩的人，知道怎樣使對方不至於出爾反爾，下不了台階。例如，你為了給對方鋪台階，可以假定雙方在一開始時沒有掌握全部事實，例如，你可以這樣說：

「我完全理解你為什麼會這樣設想，因為你那時不知道那回事。」

「在這種情況下，任何人都會這樣做。」

「最初，我也是這樣想。但是後來我瞭解了全部情況以後，我就知道自己錯了。」

一般人總是缺乏勇氣正視自己的謊言，你想戳穿這種雕蟲小技，不僅必須使他相信你，而且必須懂得如何把他從自我矛盾中解救出來，說得他口服心服，體面地收起那套鬼把戲。

正常的人都會有這樣的共同心理：自己做錯了事，或者自己有對不起別人的地方，都渴望得到對方的諒解，希望對方為自己開脫，或者給自己一個台階下。既然我們都有這樣的心理，我們也應該「以己之心度人之腹」。

《續漢書》記載，曹騰的父親曹萌就很會「以德報怨」。他的鄰居養了一頭豬，長得和曹家養的豬模樣相似。有一天，鄰居家的豬跑丟了，便到曹家來認，說曹家的這頭豬就是他家丟的豬。

曹萌當然知道他搞錯了，卻不和他爭辯，二話沒說，讓他把豬牽走了。後來，鄰居家的豬又自己跑回來，他這才知道弄錯了，心中「大慚」，趕忙把豬歸還曹家。此時，曹萌仍是二話不說，只是「笑而置之」。曹萌的態度，使丟豬的鄰居深受感動。從此以後，他逢人便誇曹萌的為人。

從這個故事我們可以看出，以真誠的心去面對別人的恣意生事，以德報怨，既是對別人的寬厚，也是對自己的寬厚。能以德報怨，最後必然會贏得別人的心。

做一個真誠的傾聽者

有一位在報社任職多年的記者，後來成為一家企業的部門主任，薪水上漲了幾倍。認識這位記者的人都知道，他身材矮小，口才一般，又沒有任何耀人的學歷。這樣的人何以在數十個應徵者中脫穎而出？

原來他在接到面談通知時，立刻去圖書館查資料，知道了這家企業創辦人的生平背景。從背景資料中，他發現這位企業負責人早年進過牢獄。這位記者將這些不足為人道的事暗記在心。同時他知道，這個老闆在出獄以後，從一個路邊的水果零售店做起，後來涉足建築業，最後才有了現在的企業。

這位記者在面談時，說：「我很希望在這樣組織健全的企業效力，聽說你當年隻身南下闖天下，由一個小小的水果攤開始，到今日領導萬人以上的企業……」

那個老闆有一段不堪回首的牢獄生涯，所以不願提起過去。不料這個記者能避開不光彩的一面，直接把出獄以後的創業和他南下闖天下連起來。這樣，他就名正言順地說起了他的成功史，說得超過面談時間了，老闆還是意猶未盡。

最奇怪的是，原本面談應該是應徵的說，招聘的聽，這位記者幾乎不用說任何與將來有關的計畫，甚至連自己毫不傲人的學歷也不用提到，只要當聽眾就行了。

如果這個記者滔滔不絕地介紹自己，說自己如何如何，把自己誇耀一番，肯定會出現另一種結局。

可以成大事的人最重要的特質之一，就是在人際交往中善於真誠的傾聽別人的談話。他們知道，為了使自己的話語為人重視卻又不惹人討厭，唯一的方法是在別人說話時自己少說話，安靜地、耐心地傾聽。因為耐心的傾聽有時比說話更重要。在傾聽的時候，以下五個原則必須注意：

其一，對講話的人表示稱讚。這樣做可以營造良好的交往氣氛。對方聽到你的稱讚越多，他就越可以充分而準確地表達自己的思想。相反地，如果你在聽話中流露出半點消極態度，就會引起他的戒備，對你產生不信任感。

其二，全心地投入傾聽。你可以這樣做：面向說話者，與他保持目光的親密接觸，同時配合一定的姿勢和手勢。無論你是坐著還是站著，都要與對方保持適當的距離。我們共同的感受是，只願意與認真傾聽、反應靈活的人交往，而不願意與推一下轉一下的「石磨」打交道。

其三，以相應的行動回應對方的問題。對方和你交談的目的，是想得到某種資訊，或者想讓你做某件事情，或者想灌輸給你某種觀點。此時，你採取適當的行動就是給對方最好的回答。

其四，向對方提出問題。作為一個聽話者，不管在什麼情況下，如果傾聽過程中你不明白對方說出的話是什麼意思，你就應該及時用適當的方法使他知道這一點。例如，你可以向他提出問題，或者積極地表達出你聽到了什麼，以便讓對方糾正你聽錯之處。如果你什麼都不說，誰又能知道你是否聽懂了？

其五，觀察對方的表情。交談大多時候是透過非語言方式進行的，就要求你不僅聽對方的語言，而且要注意對方的表情，比如看對方如何與你保持目光接觸，說話的語氣及音調、語速等，同時還要注意對方站著或坐著時與你的距離，從中發現對方的言外之意。

在傾聽對方說話的同時，我們還有幾個方面需要努力避免：

（一）不要提太多的問題。問題提得太多，容易致使對方思維混亂，難以集中精力。

（二）集中注意力。有些人聽別人說話時，習慣想些無關的事情，對方的話其實一句也沒有聽進去，這樣做不利於溝通和交往。

（三）不要匆忙下結論。許多人喜歡急於對談話的主題做出判斷和評價，發表意見。這些判斷和評價，往往迫使談話者陷入防禦地位，為交往製造障礙。

以真情爭取別人的理解

開發公司新竣工了一幢員工宿舍，按照小黃的級別和工齡，他是分不到新房子的，但小黃確實有許多具體困難：自己和妻子、小孩擠在一間十平方公尺的房裡，也還湊合，可是他鄉下的父親來了，就不方便了。小黃只好去找主管，一開口就對主管說：「主任，如果你單位有人把年老體弱的父母丟在一邊不管，你認為該不該？」

「當然不該！是誰這樣做？這還是人養的嗎？」主任一臉的義憤。

「主任，這個人就是我。」小黃垂著頭，無可奈何地說。

「你為什麼這樣做？平時我是怎麼教育你們的，要你們要尊老愛幼，你竟……」

小黃聽主任數落完，才緩緩開口說道：「常言說養兒防老，我父母就我姐弟倆。姐姐出嫁了，條件也不好，況且在我們鄉下，有兒子的父母，沒有理由要女兒女婿養老送終，這是會被人恥笑的，除非他的兒子是一個白癡。但我不是白癡，我是大學生，又分在一個響噹噹的單位，在你這位能幹、有威信的主管手下工作。一輩子含辛茹苦的農村父母，培養一個大學生多不容易呀，鄉親們都說我父母今後會有享不盡的福。可是我現在一家三口住一間套房，父母親來了，連個睡覺的地方都沒有。想把父母接到城裡來，自己又沒有條件；不接來，把兩個年老體弱的老人丟棄在鄉下，我心裡時常像刀割般難受。不說給他們好吃好穿的，他們病了，連個倒水的人都沒有。我這心裡，一想起我可憐的父母……」小黃說到這裡，落下了傷心的淚水。

「小黃，可是你的條件不夠……」主任猶豫著說。

「我知道我條件不夠，我也不好強求主任分給我房子。如果主任體恤我那年老多病的父母，分給我一間半間的，我們一家老小都將感激不盡。我也沒有多高的要求，我父母來了，有一個遮風的地方就行了。如果主任實在為難，我也不勉強，我明天就回鄉下，把我父母送到養老院。」

主任沉默不語。

小黃知道主任有所動搖，於是又趁熱打鐵地說道：「如果我把父母送到養老院，我在鄉人眼裡就會落下不孝的罪名。這沒關係，只是我擔心有人會說你的閒話，說你不體恤下情，說你領導的單位，員工連父母都養不活。你是市民代表，那些閒話有損你的威信……」

「小黃，你不要說了，我盡量幫你想辦法。」

「真的？你不會是哄我玩吧？你向來是一言九鼎的。」

「少給我戴高帽子，去忙你的事吧！」

「遵命！」

小黃拿到房子的鑰匙時，高興得一蹦八丈高。

由此可見，要引起上級同情，必須在人之常情上下功夫，把自己所面臨的困難說得在情在理，令人痛惜惋惜。所以，越是給自己帶來遺憾和痛苦的地方，越是應該大加渲染，這樣人家才願意以拯救苦難的姿態伸出手來幫助你，讓你終生對他感恩戴德。他也會因為自己的公正之心、慈悲之心和仁愛之心產生一種濟世之感。

所以，「以情感人」甚至比「以理服人」更可以打動別人的心，更可以促使別人伸出援手。

富有熱情，才可以感染別人

缺乏情感，你說的話就會蒼白無力，枯燥無味。想打動人心嗎？請先傾注你的情感。

世人對林肯一八六四年連任美國總統的一篇演說讚譽備至，稱之為「人類中最光榮而最寶貴的成績之一，是最神聖的人類雄辯的真金」，其演說內容如下：

「我們對於大戰災禍可以早早結束，都很熱誠祈求。但是，如果上帝仍欲使戰爭繼續下去，並且把世人辛苦了兩百五十年積下來的財富完全化盡，受過鞭笞的身體還要受一次槍刀的殘害，我們還是說：『上帝的審判，完全是真實而公平的。』不論對什麼人，我們都要慈愛而不要怨恨，我們還是遵照了上帝的意思，堅持正義，並且繼續努力完成我們的工作——整頓我們已經殘破的國家，紀念我們戰死的烈士，以及因為戰爭而造成的孤兒寡婦，以達到人與人之間的永久的和平。」

有人這樣評價：「林肯在蓋茲堡的演說已經十分偉大，然而他第二次就職演說更偉大……這是林肯一生中最感人的演說，他的這個演說，使他的智慧和精神的威力達到登峰造極之境。」

還有人說：「這簡直是一篇神聖的詩，美國歷來的總統，從未對美國的民眾講過這樣的話。而且美國的總統，也從未有過任何一位能在他的心裡找出了這樣的話。」

每個人都有熱情，只是在現實生活中很少有機會能表現出來，加之一般人都不願將自己的感情當眾流露。因此，人們總是透過交流或者參與某種活動，在一個大家都非常投入、十分忘我的氛圍中，滿足這種感情流露的需要。

其實，日常生活中每個人當眾說話時，都會依自己傾注談話的熱心程度而表現出熱情與興趣。此時，我們的真情實感常會從內心裡流露出來，這是一種自然的流露，也是一種易感染別人的流露。

在說話和演講上，如果我們可以展現自身的熱情，以情感人，聽者注意力就在我們的掌控之下，我們也就掌握了開啟聽眾心靈之門的鑰匙。

孫中山如果沒有推翻專制、建立共和的革命大略，他的演講怎麼會激動人心？

邱吉爾如果沒有誓與法西斯血戰到底、決一雌雄的氣概，他的演講怎麼會使人同仇敵愾、熱血沸騰？

可見，若想講話打動人心，唯一的方法就是以真心換真心！

經常進行感情投資

許多人辦事的時候，抱持「有事有人，無事無人」的態度，把對方看成受傷時用的拐杖，身體康復以後隨手扔掉。這種人大多數會被別人拋棄。當他求人幫忙辦事的時候，相信沒有人願意幫助他。

人與人之間沒有互信互助，則沒有互惠互利；沒有較深的感情，則沒有彼此的信任。在平時與人交往中重視感情投資，不斷增加感情的充實，就是堆積信任度，保持和加強親密互惠的關係。

人是感情的動物，你在感情的帳戶上儲蓄，就會贏得對方的信任，遇到困難或求人辦事，需要對方幫助的時候，就可以得到這種信任換來的鼎力相助。

生當隕首，死當結草；女為悅己者容，士為知己者死。這就是經常進行感情投資的結果。

先秦時期的法家著名人物韓非子在談到馭臣之術時，只說到賞罰兩個方面，這自然是主要的手段，但這還不夠，有時幾句動情的話語，幾滴傷心的眼淚即比高官厚祿更可以打動人。

吳起是一位名將，除了驍勇善戰以外，還可以與士兵同甘共苦，在士兵中享有崇高威望，這是他成功的重要方面。吳起在軍隊中總是和下級士兵們同甘共苦，穿一樣的衣服，吃一樣的食物，睡覺時不鋪席，行軍時不乘車，自己準備糧食，並且自動分擔士兵的苦惱。

有一次，一位士兵在陣前因為生了毒瘡而痛苦不堪，吳起見狀毫不猶豫地用口將其毒瘡內的膿汁吸出。那位士兵和在場的人都感動不已。後來，士兵的母親聽到這個消息，忽然放聲痛哭起來。旁邊的人覺得很奇怪，就問她：「你的兒子只是一個小小的士兵，卻蒙吳將軍親自將他身上的膿吸出來，你應該高興才對，為什麼反而傷心地哭泣？」

那位母親回答：「先夫早年也是蒙吳將軍不棄，吸取他毒瘡裡的膿，從此他跟隨吳將軍四處打仗，以此報答吳將軍的大恩，最後終於死在戰場上。如今吳將軍又為我兒子吸出膿汁，這不是說明我兒子也將步他父親的後塵嗎？這叫我怎麼不傷心？」

人非草木，孰能無情。在吳起「愛兵如子」的情感感召下，他與敵軍交戰時，都是每戰必勝。將士們個個盡心竭力，效命疆場，為吳起帶來了許多榮譽。

日本著名企業家松下幸之助也是一個注重感情投資的人，他每次看見辛勤工作的員工，都

人與人的交往，
就是心與心的較量！

要親自上前為其沏上一杯茶，並且充滿感激地說：「太感謝了，你辛苦了，請喝杯茶吧！」正因為在這些小事上，松下幸之助都不忘表達出對下級的愛和關懷，所以他獲得了員工們一致的擁戴，他們也將「松下」做成國際品牌。

樂於助人，多主動幫助別人，會不斷增加感情帳戶上的儲蓄。在工作上，在生意中，在交際時，對別人多一份相知，多一份關心，多一份相助，當你求人辦事的時候，誰還會拒你於千里之外？

第四篇：生活中的心計學

除了做事辦事，做人也是生活中最重要的方面。做人的成功與否可以說決定一生的成敗。經常聽到有人感歎「做人真難」「做人真累」。如果你問他為什麼感到難、為什麼感到累，他可能告訴你：我不會做人，不懂做人的學問，缺少做人的技巧。

做人的確是一門學問。有些人心量小，說話辦事讓人生厭；有些人開朗灑脫，一言九鼎，對人既寬厚又有責任心，因而大受歡迎。有些人愛斤斤計較，爭寵愛，爭權位，爭得失；有些人寬容忍讓，將心比心，泰然處之。正是由於人們不同的做人方式和人生觀，使得各自的人生軌跡也大相徑庭。怎樣做人，是每個人都需要認真對待的人生課題。做人也是需要心計的。

第一章

把握生活的細微之處

領悟蝴蝶效應，從微小處識別人心

一隻南美洲亞馬遜河流域熱帶雨林中的蝴蝶，偶爾扇動幾下翅膀，可能在兩個星期以後引起美國德州的一場龍捲風。這就是美國麻省理工學院氣象學家羅倫茲於一九六三年十二月在華盛頓的美國科學促進會的一次演講中提出的著名的蝴蝶效應。

蝴蝶效應產生的原因在於：蝴蝶翅膀的運動，導致其身邊的空氣系統發生變化，並且引起微弱氣流的產生，而微弱氣流的產生又會引起它四周空氣或其他系統產生相應的變化，由此引起連鎖反應，最終導致其他系統的極大變化。

這說明，事物發展的結果，對初始條件具有極為敏感的依賴性，初始條件的極小偏差，將會引起結果的極大差異。

蝴蝶效應之所以令人著迷、令人激動、發人深省，不僅在於其大膽的想像力和迷人的美學色彩，更在於其深刻的科學內涵和內在的哲學魅力。

我們可以透過西方流傳的一首民謠對此作具體的說明。這首民謠說：

丟失一個釘子，壞了一隻蹄鐵；
壞了一隻蹄鐵，折了一匹戰馬；
折了一匹戰馬，傷了一位騎士；
傷了一位騎士，輸了一場戰鬥；
輸了一場戰鬥，亡了一個帝國。

馬蹄鐵上一個釘子是否會丟失，本是初始條件的十分微小的變化，但其「長期」效應卻是一個帝國存與亡的根本差別。這就是蝴蝶效應在軍事和政治領域中的具體運用。有點不可思議，但是確實會造成這樣的惡果。

但同時蝴蝶效應也使我們有可能「慎之毫釐，得之千里」，以小的代價換得未來的巨大「福果」。

古埃及流傳著一個故事：一個年輕人聽說有人說他的壞話，就憤憤不平去找人打架，路上走得口渴了，便向路邊小屋的主人要一杯水喝。主人熱情好客，看他滿頭大汗，除了送水以外又遞過來一條毛巾。他謝過主人走出屋外，主人又追出來送給他一把傘讓他遮陽。

這個年輕人出門以後，心胸豁然開朗，只走了幾步就轉頭回家了。為什麼？因為對小屋的主人的熱情招待心裡充滿了感激，原來充斥在他心中憤憤不平的想法被沖淡了，他不想為區區小事去拼命。

可能連小屋的主人都沒想到，一把小小的遮陽傘——一個看似微不足道的善舉，竟然避免了一場可能發生的打鬥。

此外，一些小地方的準確把握會對交往有很好的促進作用。很多時候，在與人的交往過程中，我們的一句話、一個小動作，都可以對別人有重大的影響，要麼是讓他打開心門，要麼是從此關閉。

對方經歷了痛苦的事情，失落、沮喪、痛苦不堪時，我們不需要多說什麼，一個無言的擁抱，一個關切的眼神，一句「很難受吧」，都可以引起他的共鳴，讓他對你敞開心扉。

不修補一扇窗，就會有更多窗被砸爛

生活中，有很多情景和現象值得我們深思：

早晨上班時，路口人流如織，等紅燈的人們焦急地望著交通號誌，終於有一個性急的年輕人等不及了，開始橫穿馬路。在這種情況下，如果交通警察不制止這個人，其他人就會像潮水一樣緊跟其後，視紅燈若無物。

在乾淨整潔的廣場上，你不好意思隨手丟棄紙屑或菸頭，而是四處尋找垃圾箱。但如果是一地汙物，滿階塵土，你會毫不猶豫地將菸頭彈出一個漂亮的拋物線，任其跌落。

一面潔白的牆上，如果出現了第一個塗鴉，在不能及時清除的情況下，這面牆很快就會長滿「牛皮癬」。

環境既有約束力也有誘導性，個體的行為在無約束的情況下，會引起多米諾骨牌效應，猶如蟻穴不填實，會造成大堤潰決。

犯罪學家凱林曾經注意到一個問題：在她上班的路旁，有一座非常漂亮的大樓。有一天，她注意到樓上有一窗子的玻璃被打破了，那扇破窗與整座大樓的整潔美麗極不協調，顯得格外刺眼。又過了一段時間，她驚奇地發現：那扇破窗不僅沒得到及時的維修，反而增加了幾個帶爛玻璃的窗子……這個發現使她的心中忽有所悟：如果有人打壞了一個建築物的窗戶玻璃，而這扇窗戶又得不到及時維修，別人就可能受到某些暗示性的縱容去打爛更多玻璃。久而久之，這些破窗戶就給人造成一種無序的感覺。其結果：在這種痲木不仁的氛圍中，犯罪就會滋生。這就是凱林著名的「破窗理論」。

換句話說，我們置身於一個異常優雅整潔、地面非常乾淨的環境中的時候，環境的優美就會給我們一種不自覺的提示：這裡不能隨地吐啖，不能隨手亂丟紙屑果殼。但是，如果有人丟了廢紙，而且沒有人來及時清掃掉，對於其他人可能就會產生一種暗示：原來這裡是可以丟廢紙的，丟得越多，對後來者來說就越有一種縱容感。接下來的事情就可想而知，可以說這裡很快就會成為一個大垃圾箱。其實，人的心靈就如這樣的一座整潔美麗的大樓，如果當初有了一扇窗子的玻璃破了得不到及時的維修，久而久之，這座大樓就有可能變得千瘡百孔……

「破窗理論」給我們的啟示是：環境具有強烈的暗示性和誘導性，必須及時修好第一個被打破玻璃的窗戶。千萬不要因為我們的粗魯、野蠻和低俗行為而形成「破窗效應」，進而給別

人與人的交往，
就是心與心的較量！

人帶來無序和失去規範的感覺。從這個意義上說，我們平時一直強調的「從我做起，從身邊做起」，就不僅僅是一個空洞的口號，它決定了我們自身的一言一行對環境造成什麼樣的影響。

及時矯正和補救正在發生的問題

上一節我們提到的「破窗理論」，表現的是細節對人的心理操縱效果，以及細節對事件結果不容小覷的重要作用。所以，為了防止「破窗效應」，我們應該及時矯正和補救正在發生的問題，以避免引起更大的損失。

紐約市交通警察局長布拉頓受到「破窗理論」的啟發，他在為《法律與政策》雜誌寫的一篇文章中談道：「地鐵無序和地鐵犯罪在一九八〇年代後期開始蔓延。那些長期逃票的、違反交通規則的、無家可歸而罵街的、月台上非法推銷的、牆壁上塗鴉的……所有這些加在一起，使得整個地鐵裡瀰漫著一種無序的空氣。我相信，這種無序就是不斷上升的搶劫犯罪率的一個關鍵動因。因為那些偶然性的犯罪，包括一些躁動的青少年，把地鐵完全看成可以為所欲為、無法無天的場所。」

布拉頓採取的措施是號召所有的交通警察認真推進有關「生活品質」的法律，他以「破窗理論」為師，雖然地鐵站的重大刑案不斷增加，他卻全力打擊逃票。結果發現，每七名逃票嫌疑犯中，就有一名是通緝犯；每二十名逃票嫌疑犯中，就有一名攜帶武器。結果，從抓逃票開始，地鐵站的犯罪率竟然開始下降，治安大幅好轉。

一九九四年一月，布拉頓被任命為紐約市的警察局長，就是因為他對「破窗理論」的出色闡釋。布拉頓開始把這個理論推廣到紐約的每一條街道、每一個角落。他指出，這些小奸小惡正是暴力犯罪的引爆點。結果，針對這些看來微小，卻有象徵意義的犯罪行動大力整頓，帶來很大的效果。

正所謂防微杜漸，及時修復被打碎的第一塊玻璃，將改變周遭所有人的心理。

英國有一家規模不大的公司，極少開除員工。有一天，資深車工卡特在切割檯上工作了一會兒，就把切割刀前的防護擋板卸下放在一旁。沒有防護擋板，雖然埋下了安全隱患，但收取加工零件會更方便、快捷一些，這樣卡特就可以趕在中午休息之前完成三分之二的零件。

不巧的是，卡特的舉動被主管懷特逮了個正著。懷特大怒，令他立即裝上防護擋板，並聲稱要將卡特一整天的工作作廢。

次日一上班，卡特就被通知去見老闆。老闆說：「你是老員工，應該比任何人都明白安全對於公司多重要。你今天少完成零件，少實現利潤，公司可以在別的時間把它們補起來，可是你一旦發生事故、失去健康乃至生命，那是公司永遠都補償不起的……」

離開公司時，卡特流淚了——他在這裡工作的幾年間，有過風光，也有過不盡如人意的地方，但是公司從來沒有對他說不行，可是這一次，遇到的是觸及公司靈魂的東西。

在實際工作中，管理者必須高度警覺那些看起來是個別的、輕微的，但觸犯了公司核心價值的「小的過錯」，並且堅持嚴格依法管理。不僅要及時修復「破窗」，更要嚴厲懲治「破窗」，即那些違反紀律的人。

保持好品性，不要讓壞習慣滋生

由於人性中的惰性，養成一個好習慣也比形成一個壞習慣要費力。好習慣需要長時間一點一滴地累積，而破壞一個好不容易養成的好習慣往往瞬間即可完成。借用紀曉嵐對聯中的話，壞毛病「如秋草芟難盡」，好習慣「似春冰積不高」。

一旦個人放鬆了對壞習慣的控制，無形中就會像破窗理論所描述的情景相似，身體裡越來越多的壞習慣就會滋生出來，到最後完全失去控制，個人也就走向了窮途末路。真有這麼嚴重的後果嗎？我們來看一個物理實驗。

有一位物理學家曾經製作一組多米諾骨牌，共有十三張。最小的長九・五三公釐，寬四・七六公釐，厚一・一九公釐，還不如小手指甲大，作為第一張。然後以每張擴大一・五倍的比率，依次設計其餘十二張牌。之所以採用一・五倍這個比率，是因為按照數學計算和物理原理，一張骨牌倒下時能推倒的最大骨牌不超過自己的一・五倍。

依次算下去，最大的第十三張長六十一公釐，寬三〇・五公釐，厚七・六公釐，相當於一張撲克牌大小，厚度相當於撲克牌的二十倍。

這位物理學家按照精確的計算，把這套骨牌按適當間距排好，輕輕推倒第一張，第二張、第三張順次倒下，第十三張骨牌倒下時，其釋放的能量比第一張牌倒下時整整要擴大二十多億倍。這種能量是以幾何級數的形式增長的，可以產生巨大的力量。

這是多麼驚人的數字啊！研究者推算，如果繼續製作骨牌，第三十二張牌倒下的時候，產生的力量將足以推倒帝國大廈！

這個實驗給我們的啟示是，人們稍微不注意所養成的一個壞習慣，就像第一張骨牌一樣，會不斷在身體內或思想上擴大影響，讓負面的影響越來越大，最終無法收場。

比如抽菸這個習慣，一旦你養成了，在一段時間裡或許對你的身體沒有任何明顯的影響，但隨之而來的，你可能因此而罹患各種疾病，這些疾病包括：支氣管炎、鼻炎、肥胖症、糖尿病、高血脂、癌症。隨著時間的推移，疾病由小問題變成大問題，當你罹患癌症之後，後悔已來不及。

明白這個道理之後，我們就要努力讓自己習慣上的「窗戶」保持完整，隨時提醒自己，不要讓自己輕易養成一個壞習慣，進而陷入關於習慣的「破窗理論」的操縱之中。

此外，如果你已經養成一個壞習慣，你要在這個壞習慣進行下一步擴張之前，努力改掉它。正如著名的石油大亨保羅・蓋蒂所說：好的習慣讓人立於不敗之地，壞的習慣則讓人從成功的寶座上跌下來。

企業家勞倫斯的一次特殊的經歷，也許可以為你改掉已經養成的壞習慣帶來一些動力。

有一段時期，勞倫斯抽菸抽得很凶，每天早上都咳嗽得很厲害，但他就是戒不掉。

一天，他在去一個郊區度假的途中，到一個農戶家投宿。連著坐了很長時間的車，勞倫斯實在是累極了。吃過晚飯之後，他就回到自己的房間裡，很快就睡著了。大約凌晨兩點，勞倫斯醒了過來。此時，他很想抽支菸，於是他就打開了燈，很自然地伸手去摸他一般都會放在床頭的菸，但是沒有。他下了床，到衣服的口袋裡去找，也沒有。他又在行李袋裡找，結果他又一次失望了，摸出來的只有空空的菸袋盒。

他知道在這個地方很少有賣香菸的商店，即使有也早就關門了。他想，這個時候把房間主人叫過來，實在是不合適。現在他唯一可以得到香菸的方法就是穿好衣服，走到火車站，但是那裡距離這個地方有十公里的路程，更糟糕的是，外面還下著大雨。道路非常泥濘，自己的破雨衣實在抵擋不了外面的大雨，而且附近也不可能有計程車。

想抽菸的欲望越來越強烈，最後，他下了床，穿好衣服，披上睡衣，下定決心要出去。就在他伸手推門的時候，他突然覺得，自己的行為是多麼的荒唐可笑。自己是一個接受了高等教育的知識份子，一個成功的商人，一個認為自己有足夠的智慧可以對別人下命令的人，竟然在三更半夜要離開舒適的旅館，冒著大雨走上好幾條街去買香菸。他笑了起來，笑自己好傻。

勞倫斯也是生平第一次注意到，自己養成一個多麼壞的習慣，這個壞習慣對自己沒有任何的好處，只會令自己失去極大的舒適與快樂。很快他就做出了一個決定，他走到桌子旁邊，把那個空菸盒揉成一團從窗戶那裡扔了出去，然後重新換上睡衣，回到舒服的床上。心裡懷著一種解脫，甚至是一種勝利的感覺，關上燈，合上了眼睛。他覺得自己從來沒有這麼舒適地睡過一次覺。自從那個晚上之後，勞倫斯再也沒抽過一根菸，也沒有想過要再繼續抽菸。

勞倫斯說，他不是想用這件事來指責那些有抽菸習慣的人，但是他經常回憶那天晚上的情形，他只是為了表示，其實一些事情不是非做不可，那只是一種習慣，完全可以丟掉。

如果一個人經常做一件事，就很容易形成習慣，而習慣的力量是難以抗拒的。但是不要忘了，我們人類自身還有一種潛藏的緩衝能力，它同樣不容小覷。那就是——既然人有可能養成一種習慣，他肯定也有能力去改掉這種習慣！

所以，為了保持我們身心的健康，請把已經打破的那一扇或幾扇窗戶補上，亡羊補牢，為時未晚。想要不被壞習慣所操縱，就要真正操縱我們的意志。

關注細節，不要讓成功毀在細節上

在生活中，我們要隨時注意細節問題，盡量避免出現一些看似微不足道的錯誤。很多時候，一些大的災難的發生，就是因為一點點細節的疏忽所造成的，比如以下發生的這件事。

遠洋運輸的貨輪性能先進，維護良好，一般不會出什麼問題。但是巴西一家遠洋運輸公司的海輪卻在海上發生了大火，導致沉沒，全船人都葬身海底，後果十分嚴重。

後來，事故調查者從海輪的遺骸中發現了一個密封的瓶子，裡面有一張紙條，上面寫了二十一句話，看起來是全船人在最後一刻的留言。人們驚奇地發現，這些水手、大副、二副、管輪、電工、廚師和醫生等熟知航海條例的人，竟然私下裡做了許多錯誤的事：有人說自己不應該私自買了檯燈，有人後悔發現消防探頭損壞時卻沒有及時更換，還有人發現救生閥施放器有問題的時候卻置之不理，有些是例行檢查不確實，有些是值班時跑進了餐廳……

最後，船長寫了這樣一句話：發現火災時，一切都糟透了。平時，我們犯了一點點小錯誤，都沒有在意，累積起來，就釀成船毀人亡的大錯。

其實，或許在海輪剛出發的時候，船長和船員們都可以一絲不苟地工作，但是隨著航行的日子一天天過去，船上的人逐漸放鬆了警惕，第一個人開始注意力不集中時，逐漸地影響了整條船所有人員的工作風氣和態度，大家輪番犯錯，導致了災難的發生。

所以，這個故事給我們很大的啟示就是，不要在工作中疏忽大意，不放過每一個容易出錯的細節，否則，積少成多，聚沙成塔，讓錯誤隨時操縱著我們，最後將會吞下失敗的苦水。

一個五星級飯店的客房樣樣都好，就是有些小缺點。例如，床頭的開關向外遠了五公分，晚上關燈時，你就要在床上翻過身去才可以碰得著，如果少一個轉身就人性化了。工人不可能躺在床上來安裝那個開關，但設計師應該想得到啊！向床頭移五公分就好了。馬桶正對廁所門口，說是門口，其實沒有門，坐在上面方便，越想越不雅。設計時轉個方向不就好了嗎？這是設計的細節。因為忽略這些細節，這個五星級飯店最終倒閉了。

細節往往操縱著事情的成敗，一個細節上的失誤，將會影響整個大局甚至人的一生。

生活中的每個細節都是不能忽略的，從那些細節中，我們可以看到失敗的原因；從那些細節中，我們可以看到成功的關鍵。不要因為細節而引起無法彌補的損失，應該用細節成就完美的整體，來造就自己的成功。

第二章

注意樹立良好形象

品德是決定形象的關鍵

在生活中，我們常說某某人品不佳，令人鄙夷；某某人品高尚，令人佩服。其實，內心深處的觀念是：某人如果品德高尚，造福人群，他將永遠被人們所紀念，永遠活在人們的心中。相反地，如果某人品行惡劣，即使他生前也有一些功績，甚至有較大的功績，人們也不會推崇他。個人品德隨時在操縱著我們對別人整體形象的優劣評價。

三國時期，人們最崇拜的人物首推諸葛亮。如果單純比較事業，諸葛亮是一個失敗人物。他的三分天下、匡扶漢室的願望沒有實現，可以說他的事業最終是失敗的。但是他「苟全性命於亂世，不求聞達於諸侯」的志趣，以及「鞠躬盡瘁，死而後已」的奉獻精神，千百年來深深地感動著人們，至今人們仍然在懷念他。和諸葛亮相比較，曹操的事業要成功得多。而且我們客觀地說，曹操統一北方，在歷史上有很大的功績，為晉朝的最終一統打下了基礎。但中國人歷來不推崇曹操，因其有「篡漢」的野心。雖然他自己說「願為周公」，但是他的所作所為證明了他並非甘居臣下。果然，他一死，他的兒子就代漢自立。曹家父子的狼子野心，盡人皆知，所以魏晉以後的人們歷來對曹操的評價不高，因其未盡臣道，於個人的品行有虧，不足以成為後世楷模。

再如中國人最崇拜的聖人，文聖即孔子，武聖即關公和岳武穆。孔子一生窮困潦倒，雖然一度擔任過魯國司寇，但終因政見不合，很快就掛冠而去。可以說孔子在政治上不成功，沒有同時代的管仲、子產那樣的功績。但歷代的中國人推崇孔子遠超於管仲、子產，尊之為「大成至聖先師」。就是因為孔子一生的行跡保存了中華傳統文化，使之可以滋養千秋萬代的中國人及普天下之人。雖然他生前沒有烜赫的事業成就，但是他的品德修養、學問價值、人生哲學足以為所有人的楷模，稱為文聖，恰如其分。

再來看武聖關公。關公雖然武藝高強，戰功顯赫，但是他一生敗績也不少，猶以大意失荊州、敗走麥城為最。但中國人歷來不以成敗論英雄，換句話說，中國人歷來不以一時事業的成敗作為評價人的標準，而以其千秋萬代的歷史影響為準。人們尊敬關公，因為他是「義」字的代表。人們津津樂道的千里走單騎、華容道義釋曹操等關公的故事，正是其義蓋雲天的表現。

岳飛（謚號武穆）朱仙鎮接到十二道金牌勒令回兵。但是他沒有一怒之下率兵回師去「清君側」，而是接受了朝廷的旨意，回去後即冤死於風波亭。岳飛當時不是不知道他回去後可能的結局，但是他恪盡臣道，謹遵聖旨。這不是近代人所詬病的「愚忠」，而是為人臣者應盡之道。岳飛永被後人追慕尊崇，其在中國人心目中的地位豈是秦檜、宋高宗之流所能仰望！中國人心目中卓越的軍事將領，不是要攻城掠地、開疆拓土、殺人無數，而是要講究「武德」，懂得「止戈為武」「不戰而屈人之兵」的軍事哲學，而不是簡單的一介武夫。中國人尊崇關公、岳武穆為「武聖」，同樣是恰如其分的，二人當之無愧。

受到傳統文化的深刻影響，直至今天，品德仍然操縱著我們對別人的評價。很多人評價一個人依據的首要標準仍是一個「德」字。我們都很熟悉一句成語：德才兼備。其實要特別注意：是德才兼備，不是才德兼備。德第一，才第二，千萬不可將順序顛倒。

有一個笑話：

假設讓我們從以下三個候選人中選擇一位來造福全世界，你會選擇哪一位？候選人甲的資料證明此人有兩個情婦，有多年吸菸史而且嗜喝白蘭地，篤信巫醫與占卜；候選人乙曾經兩次被趕出辦公室，每天中午才肯起床，讀大學時曾經吸食鴉片，每晚都要喝一公升白蘭地；候選人丙曾經是國家的戰鬥英雄，終身保持素食習慣，從不吸菸，只偶爾來一點啤酒，年輕時沒有做過什麼違法的事。

很顯然我們會傾向於選擇候選人丙。

但是最後我們發現，候選人甲原來是美國前總統富蘭克林・羅斯福，候選人乙是英國前首相溫斯頓・邱吉爾，候選人丙卻是臭名昭著的阿道夫・希特勒。

這就是中西方文化的差別。西方評價人一直強調「能力第一」，認為一個人只要有能力、有業績，就是好的，是對的，中國人則執拗地堅守著道德的標準。

雖說受西方觀念的影響，現在已有許多人在替曹操翻案，但不可否認，「德」在中國人心目中仍然佔據著絕對重要的地位，它隨時影響並操縱著我們。因此，在人際交往中，不可忽略品德的重要性和影響力，它操縱著別人對你整體形象的評價。

用美好的品格修飾能力的不足

一個人最重要的不是學識、才能，而是品格。沒有好的品格，就算有再高的學識和才能，也是無法成功的；有了好品格，卻能彌補學識和能力的不足，影響和操縱別人對我們的肯定。

在一個刮著大風的下午，公路旁邊的曠野中出現一幅奇怪的景象：一個殘障的中年人搖著輪椅拼命追趕著一大片在空中飛舞的報紙，他努力想去抓住那些報紙，然而風實在是太大了，他殘障的雙腿難以承受這複雜的任務，轉眼間，報紙散落得到處都是，中年人沒抓到幾張。

周圍有人看到了這一幕，感歎於殘障者的不幸，便主動過去幫忙。費了好大的勁才把報紙都收攏之後，大家便問他找這些報紙做什麼。

殘障者掙扎著坐回到輪椅上，手臂抖個不停，面色蒼白地說：「老闆派我給客戶送去幾捆報紙，可是我到地方的時候才發現少了一捆，就趕緊回來找。走到這裡的時候，才看到報紙飄得滿地都是，只能一張一張拾起來，一張都不能少啊！」

大家又說：「你這樣的狀況，很難一個人解決問題，為什麼不直接跟老闆解釋原因？他也會諒解你的。」

殘障者很奇怪地望著大家說：「為什麼自己不解決問題？畢竟錯誤是我自己犯下的啊，我必須這麼做。」

絲毫不迴避自己的責任，不找藉口來推卸自己的過錯，殘障者以自己的品格贏得路人的尊敬、老闆的信任，獲得了更多的支持。

美好的品格，是一個人的立身之本。

一位國王有一次和親近的臣子在沙灘上散步，這位近臣以阿諛諂媚的口氣誇國王的權力有多大、影響有多廣，讚頌之聲不絕於口。這位國王靜靜地聽了半天，他轉頭面向大海：「海啊！我是你的統治者，我有很大的權力，現在命令你停止前進，不准弄濕我的腳。」

但是海浪絲毫沒有停止，仍舊一波波地襲來，並且理所當然地打濕了國王的腳及拖地的長袍。國王轉身斥責這位近臣：「你看，波浪不聽我的命令，可見國王的力量也和其他人一樣脆弱。」

人貴有自知之明，假如身處高位，並且有自知之明，才是非常可貴的。

有一個雲遊四方的道士，在途中無意間撿到一顆寶石，他隨手裝入背袋中。有一天，道士遇到一個疲累不堪的旅行者，他和這個人分享他所有的食物。這個人看上了道士袋中那顆燦爛的寶石，道士毫不猶豫地就將它送給了這個人。

這個人興奮地拿了就走，口中直呼幸運。但過了數日，這個人又來找道士，恭敬地將寶石還給了道士，並且說：「我不要這顆寶石了，我要更貴重的，是什麼樣的意念使你願意把這麼貴重的東西送給我？請教導我。」

一個具有優秀品格的人，其價值要遠遠大於許多有價之寶。

對一個人來說是這樣，對一個企業來說也是如此，服務品質的優劣，將操縱著它的生存和發展。

美國有一位家庭主婦買了一包新上市的麥片，第二天嘗了之後，感覺不滿意，於是她就依據美國消費者保護法，對於這種不滿意的產品要求退款。將抱怨信寄給麥片公司後，她又嘗了一次麥片，發現其實也還可以，但是在這個時候麥片公司卻寄來了一張退款支票，並且附上了很誠懇的道歉信，為他們的產品不合口味而道歉，並且歡迎繼續使用其他產品。

這樣一來，她反而覺得不好意思，又寫了一封信告訴麥片公司，她現在很喜歡這個產品，並且也退回了退款支票。然而，麥片公司卻寄來了更多免費的新產品，同時請求她同意把這個情況刊登在公司的刊物上。如此一來，麥片公司保住了一位老顧客，卻又因為這位老顧客的故事，吸引了更多的新顧客。

所以說，不僅是產品的品質要好，服務的品質也要跟上，這樣我們的產品才有機會在市場上成為知名產品。

有經驗的管理專家一致認為，品質是拉住客戶的最有效的利器。道理很簡單，客戶購買我們的產品，他要的也是利益。有能力提供穩定可靠的產品品質，事實上也等於是提供給客戶穩定可靠的利益。

所以，我們應該隨時牢記優秀品格的巨大力量，用高尚的品格來修飾能力的不足，幫自己樹立良好的形象。

利用首因定律打造第一印象

在生活中，每個人都會對「第一」情有獨鍾，你會記住第一任老師，第一天上班、第一個戀人，但對「第二」就沒什麼深刻的印象。你知道嗎？這是首因定律的表現。

有一位心理學家撰寫了兩段文字，講的是一個叫吉姆的男孩一天的活動。其中一段將吉姆描寫成一個活潑外向的人：他與朋友一起上學，與熟人聊天，與剛認識不久的女孩打招呼等，另一段卻將他描寫成一個內向的人。

研究者讓有些人先閱讀描寫吉姆外向的文字，再閱讀描寫他內向的文字。讓另一些人先閱讀描寫吉姆內向的文字，後閱讀描寫他外向的文字，然後請所有的人都來評價吉姆的性格特徵。結果，先閱讀外向文字的人中，有七八％的人評價吉姆熱情外向，先閱讀內向文字的人，只有一八％的人認為吉姆熱情外向。

人們在不知不覺中，傾向於根據最先接受到的資訊來形成對別人的印象。這就是第一印象的作用。第一印象又稱為初次印象，指兩個素不相識的陌生人第一次見面的時候所獲得的印象。第一印象真的有那麼重要，以至於在今後很長時間內都會影響別人對你的看法嗎？

一個新聞系的畢業生正急於尋找工作。一天，他到某報社對總編輯說：「你們需要一個編輯嗎？」

「不需要！」

「記者呢？」

「不需要！」

「排字工人、校對呢？」

「不，我們現在什麼空缺也沒有了。」

「你們一定需要這個東西。」說著，他從公事包中拿出一塊精緻的小牌子，上面寫著「額滿，暫不雇用」。總編輯看了看牌子，微笑著點了點頭，說：「如果你願意，可以到我們廣告部工作。」

這個大學生透過自己製作的牌子，表現出自己的機智和樂觀，給總編輯留下美好的第一印象，引起對方極大的興趣，進而為自己贏得一份滿意的工作。並且，因為對他有良好的第一印象，總編輯可能一直對他印象頗佳。由此可見，第一印象真的很重要！

人們對你形成的某種第一印象，通常難以改變，而且人們還會尋找更多的理由去支持這種印象。有時候，儘管你表現的特徵不符合原先留給別人的印象，人們在很長一段時間裡仍然會堅持對你的最初評價。第一印象在人們交往的時候產生的這種先入為主的作用，被叫做首因定律。

人類有一種特性，就是對任何堪稱「第一」的事物都具有天生的興趣，並且有極強的記憶能力。承認第一，卻無視第二。不經意地你就可以列出許許多多的第一。如世界第一高峰，美國第一個總統，第一個登上月球的人。可是緊隨其後的第二呢？你可能就說不上幾個。

心理學家認為，第一印象主要是一個人的性別、年齡、衣著、姿勢、臉部表情等「外部特徵」。一般情況下，一個人的體態、姿勢、談吐、衣著打扮等都在一定程度上反映出這個人的內在素養和其他個性特徵。

無論你認為從外表衡量人是多麼膚淺和愚蠢的觀念，但社會上的人們每時每刻都在根據你的服飾、髮型、手勢、聲調、語言等自我表達方式在判斷著你。無論你願意與否，你都在留給別人一個關於你形象的印象，這個印象在工作中影響你的升遷，影響你的自尊和自信，影響你的幸福感。

利用近因效應，終善其身

近因效應是指在多種刺激一次出現的時候，印象的形成主要取決於後來出現的刺激。

在生活中，我們是否注意過這種事情：某人犯了一個錯誤，人們就改變了對這個人的一貫看法。某電視台著名節目主持人，一生聲名卓著，卻晚節不保，因為一件私生活的醜聞而敗壞了一世名聲；一個之前有不良記錄的人因為做了一件有意義的好事，人們就認為他是浪子回頭金不換，以前的不好都隨之而去，從此對他刮目相看；在朋友交往中，有時多年的友誼會因為一次彆扭或誤會而告終；夫妻之間吵架，一氣之下，可能忘記了對方過去的好處和恩愛，只想著離婚……這些都是心理學上的近因效應在產生作用。

有一個關於曾國藩的有趣的故事，可以作為近因效應的引證。

曾國藩在最初和太平軍的交鋒中，一直處於劣勢，於是在奏摺中稱自己「屢戰屢敗」。但是他幕下的一個師爺看了說，不要這樣寫，而應該將四個字的位置調動了一下，改為「屢敗屢戰」。

曾國藩恍然大悟，把奏摺改了過來，交了上去。結果「常敗將軍」的形象變成敗而不餒、堅忍不拔的形象。

近因效應還有一個表現是，最後一句話決定了整句話的調子。例如，老師跟學生說：「總能考上一個學校吧，雖然錄取率那麼低。」或者說：「雖然錄取率那麼低，總能考上一個學校吧！」這兩句話的意思是一樣的，因為語句排列的順序不同，給人的印象卻全然不同。前者給人留下悲觀的印象，後者則給人樂觀的印象。

在日常的人際交往過程中，我們對別人最近、最新的認識佔了主體地位，掩蓋了以往形成的對別人的評價，因此近因效應也被稱為「新穎效應」。

在生活中，我們總是強烈譴責喜新厭舊的人，認為他們的行為是不道德的。然而，在交往中，很多人都有「喜新厭舊」的習性——比較重視「新」的資訊，而不太重視舊的資訊。

近因效應實際上包含著人類喜新厭舊的本性。這提醒我們，人際關係是需要「保鮮」的，尤其是夫妻之間。

有一句流行一時的台詞：「在一張床上睡了二十年，難免會有一些『審美疲勞』。」不管當初如何恩愛、如何甜蜜，如果不能經常保持新鮮感，近因效應都會使我們忘記對方過去的好，並且因為喜新厭舊而有移情別戀的可能。

近因效應是否和第一印象互相矛盾？其實，它們不矛盾，而是各自有適用的範圍。心理學家告訴我們：在與陌生人交往的時候，第一印象影響較大，在與熟人交往的時候，近因效應有較大影響。這就提醒我們，在人際交往中，要隨時注意近期的表現，隨時注意保持已經樹立起來的形象。

平時在和老朋友的交往中，每次交往都要認真對待，特別是每次交往最後幾分鐘的音容笑貌。由於是老朋友，就沒有什麼第一印象可言，到底哪一次交往會發生近因效應，卻是無法預料。只要有一次表現得有點異樣或特別，過去的表現就會大打折扣，甚至一筆勾銷。因此，每次交往都要小心行事，不能因為是老朋友就「忘乎所以」。

使用敬語和謙詞

平常說話有許多口頭「敬語」，我們可以用來表示對人尊重之意。「請問」有以下的說法：借問、動問、敢問、請教、借光、指教、見教、討教、賜教等。「打擾」有以下的詞彙：勞駕、勞神、費心、煩勞、麻煩、辛苦、難為、費神等委婉的用詞。

如果我們在語言交際中記得使用敬語和謙詞，相互之間定可形成親切友好的氣氛，減少許多可以避免的摩擦和口角。

有一位服務於某電腦公司擔任系統工程師的職員，他在公司已經服務六年，技術優秀而且很關照晚輩，上級對他另眼相待。但是他卻在一次與客戶的交涉中，犯下意想不到的錯誤。

某客戶買了這家公司的電腦，因而召集員工聽該電腦公司的人講解。這位系統工程師極其認真而詳細地解說電腦的操作和內容，在說明會的休息時間裡，他前往洗手間，要洗手時才發現沒有洗手用的香皂。他看見隔壁放著一塊，但正好有一位老人在用，這位工程師由於趕時間，並未向老人打聲招呼就逕自伸手將香皂取過來用，然後在隔壁取了衛生紙擦手，就匆匆走出去。

那位老人對這位工程師的所作所為很生氣，認為不招呼一聲就隨便用別人位子上的東西，是很不禮貌的行為。這位老人正是這家客戶公司的董事長。

「這麼不懂禮貌的人，是哪家公司的人？」

這位董事長一詢問，知道就是電腦公司派來講解的工程師，結果使得原來要成交的電腦被退回去。這麼一來，電腦公司也開始調查原因。電腦公司總經理特地到這家公司謝罪，但還是無法挽回工程師所造成的惡果，工程師也因此引咎辭職。

這位本來很有前途的優秀工程師，若能在洗手時多說一句「對不起，讓我先用一下」，整個情形都將為之改觀。由此可見，短短的一句話，也是不容輕忽的。

倘若經常覺得「這種小事不說也無妨，對方一定會知道的」或認為「芝麻小事，不說也罷」，這就錯了。自己這樣想，對方是不是也這麼想？所以，雖然是芝麻小事，仍是要經由嘴裡講出來，對方才可以明白、諒解。

雖然道歉了，但是沒有緩和彼此之間的氣氛，反而加深其間的裂痕，這樣的例子並不少見。

前去道歉的人，心裡總是難過，頭也是垂下的。道歉之前，總想先解釋事情，結果往往忘了說幾句對不起的話，反而更引起對方的不滿。所以，去道歉的人一看到對方最好立刻就說：「對不起，我錯了。」然後再說明事情也不遲。在說明時，也不要忘記強調歉意，並且說「真的很抱歉」「你所說的很有道理」，或說「我瞭解你的意思」。

聽對方說話時，在必要的時候，還要點頭附和，這樣對方的火氣才會降下來，並透過這次會談使彼此之間更加和諧。在這種與人交涉方面很能幹的人，在公司更容易受上級看重，並且受客戶歡迎。

美貌是一種本錢

韓國有一家公司曾經以韓國二十歲至三十歲的四百四十八名未婚女性為對象，調查整容的原因。接受調查者為整容提供的理由包括：提高外貌競爭力（五七・一％），增強自信（二二・五％），顯得更加漂亮（一六・七％）等。外貌真能提高個人在社會中的競爭力嗎？最近二十多年的經濟學研究，其實早就注意到美貌給人們帶來的影響，尤其是在收入方面。

這個領域最負盛名的研究是海莫默什和比德爾一九九四年發表在《美國經濟評論》上的文章〈美貌與勞動力市場〉。在這篇論文中，他們運用相關調查資料核對個人相貌和收入的關係，結論是：在其他條件（比如學歷和家庭背景等）相同的情況下，美貌者比中等相貌者的收入高出約五％，而中等相貌者比貌醜者又高出約五％～一〇％。這說明美貌的收益很可能是普遍存在的。

不僅在廣告推廣領域美女的價值無可厚非，在平時生活中也是如此。比如說找工作，那些漂亮的女士，雖然專業或是經驗、能力不見得很優秀，但她們總是可以得到招聘主管的青睞，不僅很容易就獲得就業機會，而且報酬往往也高出人們的預料。

銷售總監、廣告公司推廣總監，不乏美女擔綱。是美女的能力突然見長嗎？其實是，美女好辦事。雖然她們不是絕頂聰明，但是她們擁有美貌，再加上一定的智慧，可以說在自由市場經濟的潮流中無堅不摧，戰無不勝。

所以，不管你願不願意承認，愛美之心人皆有之，無論在什麼時候，美貌都是一種本錢。

清爽的外在形象為你加分

心理學家做過一個實驗：分別讓一位戴金絲眼鏡、手持資料夾的學者和一位留著怪異頭髮、穿著邋遢的男人在公路邊搭便車。結果顯示，學者的搭車成功率很高，另外那個男人很難搭到車。

這個實驗說明：不同的儀表代表了不同的人，隨之就會有不同的際遇。這不僅僅是以貌取人的問題。

媒體策劃專家有一句名言：要給人好印象，你只需要七秒鐘。透過大量的分析，研究者們得以成功描繪出影響第一印象形成的因素：第一印象的形成有一半以上內容與外表有關。不僅是一張漂亮的臉孔就夠了，還包括體態、氣質、神情和衣著的細微差異；大約四〇%的內容與聲音有關。音調、語氣、語速、節奏都將影響第一印象的形成；只有少於一〇%的內容與言語舉止有關。

不是所有人都可以長得美若天仙或是英俊非凡，但每個人都可以做到乾淨整潔。油性皮膚者一定要注意臉部和頭髮的乾淨清爽，乾性皮膚者則要避免臉上出現令人不快的皮屑，然後就是衣著是否整潔得體。你的衣服顯示你是哪一類人物，它們代表著你的個性。一個和你會面的人往往不自覺地依據你的衣著來判斷你的為人，所以有一句話叫「人靠衣裝」。

服飾只有與穿戴者的氣質、個性、身分、年齡、職業以及穿戴的環境、時間協調一致時，才可以真正達到美的境界。得體的穿著講究和人本身的身材、年齡、性格和諧，同時也講究和場合的和諧，在不出錯的基礎上再講究搭配的技巧。平時應該多看一些時尚雜誌，根據自己生活和工作的需要，有技巧地打扮自己，讓自己賞心悅目。

我們經常看到很多外交官，他們的穿著都給人一種信賴感——穿西服打領帶。我們也會看到市場上賣豆腐的經常穿著一件圍裙，頭頂個帽子，手裡拿著一把扇子。

假如一個外交官穿著一件圍裙，頭頂個帽子，手裡拿著一把扇子，穿個汗衫，手上戴個手套，髒兮兮的樣子，你敢相信他是一個外交官嗎？假如賣豆腐的在市場上穿著西服，繫個領帶，穿個白襯衫，你敢買他的豆腐嗎？可能你覺得他的豆腐不太新鮮或怎麼樣吧，因為做什麼就應該要像什麼。

工作就應該有工作的樣子，外在形象影響我們在別人心目中的印象，尤其是第一次見面。

第一印象只有一次機會，沒有第二次，所以每個人都要研究你給人什麼樣的印象？給人什麼樣的感受？希望別人看到你以後有什麼感覺？別人在跟其他人在一起的時候，會如何談到你？把這些仔細規劃好之後，你才可以達到給別人良好的第一印象的目的。

俗話說「人靠衣服馬靠鞍」，是不無道理的。商業心理學的研究告訴我們，人與人之間的溝通產生的影響力和信任度，是來自語言、語調、形象三個方面。但它們的重要性所佔比例是：語言只佔七%；語調佔三八%；視覺（即形象）佔五五%。由此可見形象的重要性。服裝作為形象塑造中的第一外在要素，是眾人關注的焦點。你的形象就是你自己的未來，在當今激烈競爭的社會中，一個人的形象遠比人們想像的更重要，它的操縱能力將超乎你的想像。

在關於辦公室需要什麼樣的女性形象調查中，「保持東方女性的含蓄」得到五%的認可；同時有六三%的參與者選擇了「重要問題上幹練精明，平時工作中有張有弛，敏銳、聰明」；「不外露的聰慧，懂得為同事化解尷尬」也很受歡迎，得到二三%的選票；「偶爾表現女性特有的溫柔、細膩」的認可度是九%。

看似個性化的「穿衣戴帽」一旦走進辦公室，就不再是一件私事。個人作為公司形象的一部分，代表著公司的形象，不僅在工作風格和溝通上要融入團隊，著裝也要融入團隊。根據調查顯示，二四%的人已經意識到得體的職業著裝不僅可以讓人出色，還可以讓人得財。個人著裝風格與公司的風格融為一體，會讓公司其他成員和外部客戶都更容易接受。

你所要做的每件事情都應是事先設計好的。很多人，他們參加很多團體、俱樂部，參加很多協會，甚至不斷做一些奉獻社會、回報社會的事，比如抗洪搶險、捐助希望工程等。他們都是要累積一個良好的形象，在社會上有一個良好的聲譽。由於他們的形象與他們的舉止是一致的，所以才會有更多的人認同他們。

舉一個例子：一個人希望讓別人感覺到他非常有朝氣、有活力，同時又很有專業水準，所以他在搭配西服的時候都會朝著這個方向努力。同時他在演講的時候通常會舉很多例子，讓別人瞭解到他對這個主題非常有研究，因為他花了很多時間搜集這些案例方法，並且都被證明是行之有效的。同時他也要分享一些他自己的經驗，別人知道這些方法是他實踐過的方法後，大家都願意去嘗試，因為人們知道他沒有把大家當作試驗品，所以大家對他非常信賴。

每個人都必須建立自己的形象。你希望給別人什麼樣的感覺，你現在就應該設計出來。假如你現在無法設計出來，以後在外面與人交往的時候也許會遇到麻煩，你在工作的時候也許會失敗，你在重大的場合也許無法建立你應有的自信感。

形象決定你是否可以成功，建立良好的形象可以快速提高你的工作品質，不良的形象會立刻讓你充滿挫敗感。讓形象操縱你還是你來操縱自己的形象，你要選哪一個？你自己決定。

認清自我，秀出獨特的自己

有一位牧師正在考慮第二天如何布道，卻想不出一個好的講題，很著急。

他六歲的兒子總是隔一會兒就來敲一次門，要這要那，弄得他心煩意亂。

為了安撫他的兒子，不讓兒子來搗亂，情急之下，他把一本雜誌內的世界地圖夾頁撕碎，遞給兒子說：「我們來做一個有趣的遊戲。你回到房間裡，把這張世界地圖拼好還原，我就給你一美元。」

兒子出去以後，他把門關上，得意地自言自語：「哈哈，這下終於可以清靜清靜了。」

誰知沒過幾分鐘，兒子又來敲門，並且說地圖已經拼好。

他有點詫異，也有點不相信，就跟著兒子一起來到兒子的房間。果然，那張撕碎的世界地圖完完整整地擺在地板上。

「怎麼會這麼快？」他吃驚地看著兒子，不解地問。

「是這樣的，」兒子說，「世界地圖的背面有一個人頭像，人對了，世界自然就對了。」

牧師撫著小兒子的頭，若有所悟地說：「說得好啊，人對了，世界就對了。我已經找到明天布道的題目了。」

我們經常因為人際關係不暢而焦頭爛額，也經常抱怨這個社會太過複雜，覺得世事艱險、人心難測。

但實際上，我們之所以難以有所成就，之所以覺得事事難遂己願，不是世界不對，而是我們自己有問題。

自己都不對，世界怎麼可能對？很多時候，我們都不能認清自我，對自己沒有一個正確的認識。

有一則伊索寓言講的正是不能清醒認識自己的故事：

荷米斯想要瞭解他在世間擁有何等地位，於是化作凡人，來到一家雕刻店鋪。

他看到主神宙斯的雕像，便指著問雕刻匠：「這尊雕像多少錢？」

「一個銀元。」雕刻匠答道。

他又笑著問：「赫拉（宙斯之妻）的雕像多少錢？」

雕刻匠回答：「比宙斯的雕像要貴一些。」

荷米斯看到自己的雕像，心想他作為宙斯的使者，又是商人的庇護神，世人肯定對他刮目相看，就很自信地向雕刻匠詢問自己的雕像多少錢。

雕刻匠回答：「如果你買了剛才那兩尊雕像，這尊就免費送給你了。」

這則寓言極具諷刺意味，對那些妄自尊大者是當頭棒喝。

從現在開始，拋棄頭腦中自卑和自大的錯誤圖像，既不要妄自菲薄，也不要妄自尊大，認識真正的自己吧！

認識自我，心理學上叫做自我知覺，是一個人瞭解自己的過程。就像老子說的：「自知者明。」一個人越瞭解自己，就越有力量，因為他知道揚長避短，知道怎樣最好地發揮出自己的潛力。

客觀地認清自我，知道自己的長處，找到自己的發展方向，走一條適合自己的道路，這對於我們的成功，將會是事半功倍的。相反地，如果我們在一個自己不擅長的方面辛苦奮鬥，成效可能就不會很大，甚至無功而返。

達爾文的《自傳》表示，正因為他對自己的深刻認識，才使他可以把握住自己的素質特點，揚長避短，做出了突破性的成就。

他十分謙遜又自信地談到自己：「熱愛科學，對任何問題都不倦思索、鍥而不捨，勤於觀察和收集資料，還有一點健全的思想。」

但又認為自己的才能很平凡：「我的記憶範圍很廣，但是比較模糊。」「我在想像上不出眾，也談不上機智，因此我是蹩腳的評論家。」

他還對自己不能自如地用語言表達思想深感不滿：「我很難明晰而簡潔地表達自己的思想……我的智慧有一個不可救藥的弱點，使我對自己的見解和假說的原始表述不是錯誤，就是不通暢。」

作家朱自清也曾經分析自己缺乏小說才能的短處，在散文集《背影》自序中說：「我寫過詩，寫過小說，寫過散文。二十五歲以前，喜歡寫詩，近幾年詩情枯竭，擱筆已久……我覺得小說非常地難寫，不用說長篇，就是短篇，那種嚴密的結構，我一輩子也寫不出來。我不知道怎樣處置我的材料，使它們各得其所。至於戲劇，我更始終不敢染指。我所寫的大抵還是散文多。」

幾乎所有的名人都可以認清自我，知道自己的長處和短處，發揮自己的特長，進而成就自己。

著名史學家姜亮夫的經歷很值得我們深思。

人與人的交往，
就是心與心的較量！

一九二〇年代，姜亮夫考入清華大學研究院。當時，他很想成為「詩人」，把自己在成都高等師範讀書時所寫的四百多首詩詞整理出來，去請教梁啟超先生。

不料，梁啟超毫不客氣地指出他囿於「理性」而無才華，不適合從事文藝創作。姜亮夫回到寢室用一根火柴將「小集子」化成灰燼。詩人之夢醒了，從此他埋頭攻讀中國歷史、語言、楚辭學、民俗學等，取得許多成果。可謂「失之東隅，收之桑榆」。

在現實生活中，人們往往忘記自我的存在，忘記對自己的關愛，從不去問「我從哪裡來，我到哪裡去」之類的問題，偶爾想起來，只是茫茫然一片空白。

在人生這個舞台上，正可謂：亂哄哄，你方唱罷我登場，反認他鄉是故鄉；甚荒唐，到頭來都是為別人作嫁衣裳。

怎樣才可以認清我們心中的那個自我？

也許每到這個時候，就有人對我們講唐太宗李世民說的那句千古名言：「以人為鑑，可明得失。」就是把別人當作自己的鏡子，隨時接受別人的監督，聽取別人的意見，這樣才可以做出正確的抉擇。

但是，在此要說明的是——透過鏡子，也許你可以看到一個平時看不到的自己，直視一個平時難以直視的自己。但事實上，別人誰也不能做你的鏡子，只有自己才是自己的鏡子。拿別人做鏡子，白癡或許會把自己照成天才，所以我們必須有一個自我知覺的過程，以便徹底而深刻地瞭解自己。

在日常的生活中，我們都是那麼的平凡和普通，只有在經歷自己人生旅途中的重大事件時，才可以顯示出自己的獨特。越是在成功的巔峰和失敗的低谷之時，越可以認清自我。客觀地認清自我，知道自己的長處，找到自己的發展方向，走一條適合自己的道路，這對於我們的成功，將會是事半功倍的。

第三章

做到讓別人喜歡自己

不要說別人錯了

沒有幾個人具有很強的邏輯性思考能力，我們多數人都具有武斷、固執、嫉妒、猜忌、恐懼和傲慢等缺點，所以我們很難向別人承認自己錯了。而且，一個人說錯話或者做錯事總是有原因的，所以我們即使明知自己錯了，也會強調客觀原因，認為錯得有理。因此，我們犯錯的時候，並非意識不到犯錯了，只是頑固地不肯承認而已。同理，當你對別人說「你錯了」時，也經常撞在他固執的牆上。

正如羅賓森教授在他的《下決心的過程》中所說：「我們有時會在毫無抗拒或被熱情淹沒的情形下改變自己的想法，但是如果有人說我們錯了，反而會使我們遷怒對方，更加固執己見。我們會毫無根據地形成自己的想法，但如果有人不同意我們的想法時，反而會全心全意地維護我們的想法。顯然不是那些想法對我們來說很珍貴，而是我們的自尊心受到了威脅……『我的』這個簡單的詞，是做人處世關係中最重要的，妥善運用這兩個字才是智慧之源。不論說『我的』晚餐、『我的』狗、『我的』房子、『我的』父親、『我的』國家或『我的』上帝，都具備相同的力量。我們不僅不喜歡說我的錶不準，或我的車太破舊，也討厭別人糾正我們的認識……我們願意繼續相信以往慣於相信的事，而如果我們所相信的事遭到了懷疑，我們就會找藉口為自己的信念辯護。結果呢，多數我們所謂的推理，都變成找藉口來繼續相信我們早已相信的事物。」

有一位先生請一位室內設計師為他的居所布置一些窗簾。帳單送來的時候，他大吃一驚，意識到在價錢上吃了很大的虧。

過了幾天，一位朋友來看他，問起那些窗簾時，說：「什麼？太過分了。我看他佔了你的便宜。」

這位先生卻不肯承認自己做了一筆錯誤的交易，他辯解說：「一分錢一分貨，貴有貴的價值，你不可能用便宜的價錢買到高品質又有藝術品味的東西……」

結果，他們為此事爭論了一個下午，最後不歡而散。

我們不願承認自己錯了的時候，大多數是情緒作用，跟事情本身已經沒有太大的關係。當我們錯的時候，也許會對自己承認。如果對方處理得很巧妙而且和善可親，我們也會對別人承認，甚至並且以自己的坦白直率而自豪。但如果有人想把難以下嚥的「食物」硬塞進我們的食道，我們是絕不肯接受的。

既然我們自己是這種習性，就可以理解別人也具有同樣的習性，因此不要把所謂的「正確」硬塞給他。

有一位汽車代理商在處理顧客的抱怨時經常冷酷無情，絕不肯承認是自己這個方面的錯誤，總想證明問題的根源是由於顧客在某些方面犯錯。結果，他每天陷於爭吵和官司糾紛中，心情一天比一天壞，生意也大不如以前。

後來，他改變了處理客戶抱怨的方法。當顧客投訴時，他首先說：「我們確實犯了許多錯誤，真是不好意思。關於你的車子，我們有什麼做得不合理的地方，請你告訴我。」這個方法很快使顧客解除武裝，由情緒對抗變成理智協商，於是事情就容易解決了。如此一來，這位代理商就可以輕鬆地處理每一起投訴，生意也越來越好。

我們說對方錯了的時候，對方的反應經常會讓我們頭疼，而當我們承認自己也許錯了時，就絕不會有這樣的麻煩。這樣做，不僅會避免所有的爭執，而且可以使對方跟你一樣地寬宏大度，承認他也可能弄錯。

古埃及阿克圖國王在一次酒宴中對他的兒子說：「圓滑一點，它可使你予取予求。」

人與人的交往，
就是心與心的較量！

不要對別人的錯誤過於敏感，不要執著於所謂正確的意見，不要輕易刺激任何人。如果你要使別人同意你，應該牢記的一句話就是：「尊重別人的意見，永遠不要說『你錯了』。」

搶先承認錯誤

曾經擔任柯林頓貼身幕僚的莫里斯，在其所著的書中有一段關於處理醜聞的話：「當醜聞曝光，過去的經驗顯示，揭發該醜聞的記者往往已經儲足彈藥，部署好隨後一連幾天的攻勢，以及情節鋪排。他們和編輯會老謀深算地把有關醜聞的故事和橋段，分段包裝，並且逐日面世，使得醜聞情節每天都有新的發展，可以持續地炒作，以致不斷升溫。」

事實上，醜聞若被某家媒體獨家揭發，當事人就要有心理準備：記者早已如「章回小說」般部署好接著幾天的報導和有關情節。如果心存僥倖，企圖以謊言掩蓋真相，或者只是像「擠牙膏」般一點一點交代事實，便很容易墜入媒體的圈套裡，被後者早已儲好的彈藥迎頭痛擊，「一巴掌又一巴掌」無情地刮過來。所以還是搶先承認錯誤，不要給別人「演繹」的機會為上上之策。

《蘋果日報》就是香港媒體中追擊醜聞的個中高手。二〇〇〇年，立法會前議員程介南

「以權謀私」醜聞揭發的第一天，《蘋果日報》只是披露十分有限的證據，令程介南掉以輕心、心存僥倖，在當天的記者招待會中，企圖把問題輕輕帶過，並且掩蓋部分事實。

不料該報的記者早已有備而戰，在會上套出了他為自己辯護的很多話，要他以個人誠信擔保。到了第二天，該報才進一步披露更多資料，反駁及質疑他頭天記者會為自己所做的辯護，令程再度回應，疲於奔命。這樣一連幾天重複這個遊戲，使當事人心力交瘁，而誠信逐步破產，就如「花貓把玩老鼠」一樣，不可謂不殘忍。

炒賣股票行業有一個概念叫做「割肉」，就是叫你在股票價位跌到某條警戒線之後，必須一次性忍痛與賠錢的股票分手，以免越陷越深，最後掉入無底深淵。雖然會很痛，但「割肉」的好處是起碼你知道自己會輸掉多少。人的心裡總存在一絲僥倖，賠錢時總希望好運明天會再度降臨，但這樣最後往往會輸掉更多。

應付醜聞的道理也是一樣，也需要「割肉」。杜絕心存僥倖，一次性說出事情的所有真相，雖然也會很痛，但勝過往後與醜聞和媒體拉扯，每天誠惶誠恐，不知道明天真相是否會被進一步揭發，戳破自己的謊言和掩飾，無論在自我心理還是公眾印象上，不斷被扣分，最後賠上個人的誠信。如果你「割肉」，就不會讓前述媒體章回小說般的圈套有機可乘。

及時「割肉」，搶先承認錯誤，不要給別人「演繹」的機會，這才是明智的做法。

盡可能地尊重別人

人都是有自尊的，都渴望獲得別人的尊重。大到在社會階層中，小到在一個團隊中，人與人之間只有收入高低、分工不同的區別，但絕對沒有人格的貴賤之分。捫心自問，我需要別人的理解和尊重嗎？當然需要。同樣地，這也是別人都需要的，聰明的人最能理解和尊重別人。

有一位老闆批評他的女秘書：「你這件衣服很漂亮，你真是一個迷人的小姐。只是我希望你撰寫文件時注意一下標點符號，讓你的文件像你一樣可愛。」女秘書對這次批評印象非常深刻，從此之後列印文件很少出錯。

這位老闆算得上是一位聰明人，說話如此委婉、客氣，是好修養、好氣度的表現。假如他換一種盛氣凌人的口吻喝斥：「你怎麼工作的？連標點符號都搞不清楚，虧你還是大學生？」只會讓下屬委屈，反而無法達到糾正對方錯誤的目的。

有人說的話，立足點和出發點本來是不錯的，但由於說話時不尊重對方，因而導致無謂的誤解和爭端。

人的心靈就像花朵，開放時會承受柔潤的露珠；閉合時會抵禦狂風暴雨。每當我們在規勸別人的時候，實際上就是讓他的心靈開放。但是，被規勸的人往往會用閉合的姿態來抵禦我們的語言，因為他不知道我們送的是雨露，只知道要努力保護他的自尊心。所以，想要不損傷別人的自尊心，尊重別人是至關重要的一點。

一般來說，我們規勸別人很容易使自己站在比別人高的位置上。本質上，也確實比別人高，因為你的觀點比別人的觀點正確，才可以勸人；如果覺得比別人低，就表示你觀點不正確，或者對自己的觀點沒自信，還可以去勸什麼人？因此，勸人的人實際上的位置應該是高的，但這種高，在勸人時是不能表現出來的，只能擺在和被勸人平等的位置上，這不是虛偽，而是方法上的需要。

只有被勸人覺得你尊重他了，設身處地地在為他著想，他才會認真考慮你說的話，才會把心扉打開，才有可能被你說服。相反地，你自恃自己有理，說得對，把位置擺得高高在上，甚至不注意語言的表達方式，一派批評人的口氣，勢必引起被批評人的反感，因為你沒有尊重他，他會想出各種辦法來對付你，使你不僅沒有達到規勸的目的，還生一肚子氣。如果他迫於某種壓力或其他因素，而屈服於你的批評，口頭上也許承認自己錯了，內心深處還是不會聽你的。

從對方的心理需求著手

美國著名心理學家馬斯洛說，人的需要由低向高分為五個層次：生理的需要，安全的需要，歸屬和愛的需要，尊重的需要，自我實現的需要。將這些需要應用於交談，要求你善於體察人心，瞭解對方最迫切的需求，有的放矢，並且採用適當的方式予以激發和滿足，使之產生所要求的行為。

竊國大盜袁世凱竊取中華民國臨時大總統的權力後，每天做著皇帝夢。一天，袁世凱正在午睡，一位侍婢按時端來參湯，準備供袁世凱醒後進補。誰知這位侍婢進門時不慎，將手中珍貴的羊脂玉碗打翻在地，化為碎片。玉碗的破碎聲驚醒了袁世凱，他一見自己心愛的羊脂玉碗被打得粉碎，氣得臉色發紫，大聲吼道：「今天俺非要你的賤命不可！」

在這生死存亡的時刻，侍婢連忙跪著哭訴：「這不是小人之過，侍婢有下情不敢上達。」

袁世凱大罵道：「快說快說，看你死到臨頭，還編什麼鬼話。」

侍婢哭著回答：「小人端參湯進來時，看見床上躺的不是大總統。」

「混帳東西，」袁世凱更加怒不可遏，「床上不是俺，能是啥？」

「小人不敢說，怕人哪！」侍婢哭聲更大了。

袁世凱氣得陡然立起，咬牙切齒地說：「你再不說，瞧俺不殺了你！」

「我說，我說，床上，床上……床上躺著一條五爪大金龍！我一見，嚇得跌倒在地……」

袁世凱一聽，心中不由一陣狂喜了，以為自己是真龍轉世，真是要登上夢寐以求的皇帝寶座了。袁世凱怒氣全消，情不自禁地拿出厚厚的一疊鈔票為侍婢壓驚。

侍婢終日侍奉袁世凱，對他夢想當皇帝的心理體察入微。寶碗玉碎、生死攸關之際，侍婢情急智生，順口編出「五爪金龍驚落玉碗」。這正好「印證」袁世凱的美夢——真龍轉世，滿足了他的心理需求，使袁世凱化盛怒為狂喜。侍婢不僅揀回了小命，還得到「皇恩」。

戰國之際，在楚宣王執政時間，楚國實力強盛，鄰國都不敢和楚國作對。楚宣王聽說中原各諸侯國都很畏懼大將昭奚恤，心裡不是滋味，於是問眾大臣：「各諸侯國如此畏懼昭奚恤，他實際上怎麼樣？」群臣聽後都默不做聲，不知怎樣回答才好。

這時，一位叫江一的大臣站出來說：「我還是先講一個故事：饑餓的老虎出來找食物，抓到一隻狐狸。狐狸對老虎說：『你不能吃我，天帝派我來做百獸之王，你要是吃掉我，就是違背了天帝的旨意。如果你不相信，我可以走在你前面，你在我後面跟著，看是不是百獸見了我都害怕。』老虎相信了狐狸的話，跟著牠走，果然不管是什麼野獸見了牠們走來都嚇跑了。老虎不知道野獸們是由於害怕自己而逃跑的，還以為是害怕狐狸哩！」

江一講完這個故事以後接著說：「如今國王有土地千里，軍隊一百萬，而把軍權交給昭奚恤，所以各諸侯國就懼怕他了。其實，他們是怕國王的軍隊，好比百獸害怕老虎一樣。」

楚宣王聽說各諸侯國害怕的是昭奚恤，而不是他自己，心裡自然不是滋味。君王妒臣，難免性命之憂。江一站出來以故事相喻，指出昭奚恤只是狐假虎威，借用君王的威風，使楚宣王釋然。

這就是掌握了對方需要的重要性。攻心也是如此，只要滿足了他的心理需要，就沒有不能成功的。

表達出你的喜愛之情

心理學家說，在實際生活中沒有人是完全自信的，因此大多數人都特別需要別人對自己的肯定。

一天，妻子請她的丈夫講出自己的六個缺點，以便成為更好的妻子。他想了想說：「讓我想一想，明天早晨再告訴你。」

第二天一大早，他來到鮮花店，請花店給妻子送六朵玫瑰，並且附上一個紙條：「我實在想不出你需要改變的六個缺點，我就愛你現在這個樣子。」他晚上回到家時，妻子站在門口迎接他，她感動地幾乎要流淚。

這個世界上，你最愛的人是誰？恐怕大多數人都會回答是自己。人們都把自己當成世界的中心，將自己作為衡量一切的標準。

人與人的交往，
就是心與心的較量！

這符合人的自我中心的本性，如果別人喜歡我們，比較容易贏得我們的喜歡，不管他客觀上是怎樣的人。

看看你身邊的人，你想過你喜歡的人通常具有哪些特徵嗎？你喜歡他們，是因為他們漂亮，還是因為他們聰明，或是因為他們有錢，有社會地位？

心理學的研究顯示，我們通常喜歡的人，是那些也喜歡我們的人。他們不一定很漂亮，或很聰明，或者很有社會地位，僅僅是因為他們很喜歡我們，我們也就很喜歡他們。這個規律叫做相互吸引定律。我們為什麼會喜歡那些喜歡我們的人？因為喜歡我們的人使我們體驗到了愉快的情緒，一想起他們，就會想起和他們交往的時候擁有的快樂，使我們一看到他們，自然就有了好心情。而且，那些喜歡我們的人使我們受尊重的需要得到滿足。因為別人對自己的喜歡，是對自己的肯定、賞識，表示自己對別人或者對社會是有價值的。

這就是為什麼很多人都會說：「我寧願選擇喜歡我的人，也不要選擇我喜歡的人。」人都有惰性的，無休止地付出卻得不到回報，對每個人來說，都是一件極其痛苦的事情。和喜歡自己的人在一起，就會感到非常輕鬆快樂，因為他隨時都在用心地對待你，讓你開心，把你放在心上，你會有一種被重視的感覺。

有些人很善於利用這個心理定律去贏得別人的好感。那就是，為了得到別人的認可，就表現出喜歡對方的樣子。

比如推銷員，他每天要面對許多從未謀面的人，他也許不瞭解那些人，但是他必須表現出對對方的喜歡，這是為了讓對方也喜歡他、接受他，他的生意才好做。

可以說，這個規律在社交場中很具有實用價值。這是贏得別人好感的捷徑。你可以經常表現出對別人的興趣，這就表示你對他有好感，就會很容易贏得他同樣的情感回報。

回想一下我們自己，當別人表達出對我們的喜愛的時候，我們是不是會有一種莫名其妙的欣喜，會心花怒放？我們會不自覺地對他有更深的印象，有更好的感覺，甚至會不自覺地對他也產生好感？

這種心理規律，在某種程度上，也和人們的自信缺乏有關。一個人如果自我尊重程度較強，較為自信，別人表示出來的對他的喜歡和讚揚，對他的影響就不是很大，人際吸引的相互性原則對他的作用也就不是很大。

那些具有較低自我尊重的人，往往不喜歡那些給他們否定性評價的人，因為他們極不自信，所以特別需要別人的肯定，特別看重別人表達的對自己的喜歡。

有很多這樣的情況，就是兩個人的相互喜歡是由一個人對另一個人單方面喜歡開始的。比如一個女孩開始時對一個男孩沒有多少好感，但是這個男孩子表現出對她特別喜歡的態度，久而久之，使這個女孩也對這個男孩動心了，最後接受了他的追求。

有一個年輕人固執地愛上了一個商人的女兒，但是女孩始終拒絕正眼看他，因為他是一個古怪可笑的駝子。

這天，年輕人找到女孩，鼓足勇氣問：「你相信姻緣天註定嗎？」

女孩眼睛盯著天花板答了一句：「相信。」然後反問他：「你相信嗎？」

他回答：「我聽說，每個男孩出生之前，上帝就會告訴他，將來要娶的是哪一個女孩。我出生的時候，未來的新娘便已經配給我了。上帝還告訴我，我的新娘是一個駝子。我當時向上帝懇求：『上帝啊，一個駝背的婦女將是一個悲劇，求你把駝背賜給我，再將美貌留給我的新娘。』」

女孩看著年輕人的眼睛，並且被內心深處的某些記憶攪亂了。她把手伸向他，之後成為他最摯愛的妻子。

增加見面的次數

新歡總比舊人吃香，自古至今，都是如此。正所謂：「只見新人笑，哪聞舊人哭。」喜新厭舊、見異思遷，是人的天性使然。

心理學家札永克做過一個實驗：先向受試者出示一些照片，有的出現了二十多次，有的出現了十多次，有的只出現了一兩次，然後請受試者評價對照片的喜愛程度。結果發現，受試者更喜歡那些看過很多次的熟悉照片，而非那些只看過幾次的新鮮照片，也就是說，看的次數增加了喜歡的程度。

這種對越熟悉的東西就越喜歡的現象，心理學上稱為「多看效應」。

人的心既堅強又柔弱，是一個很奇妙的存在體。有些感情因素，比如喜歡，會在不知不覺地在接觸中產生。接觸頻率越高，或者說見面次數越多，就會越喜歡。

有一位社會心理學家為了證明這個效應，曾經做過一個實驗。在一所大學的女生宿舍裡，他隨機找了幾個寢室，發給不同口味的飲料，然後要求這幾個寢室的女生，可以以品嘗飲料為理由，在這些寢室間互相走動，但見面的時候不得交談。一段時間後，心理學家評價她們之間熟悉和喜歡的程度。結果發現：見面的次數越多，相互喜歡的程度就越大；見面的次數很少或根本沒有，相互喜歡的程度也較低。

仔細回想一下，我們對有些人的印象一般，但是隨著經常接觸的人，是不是會越看越順眼，甚至會越來越喜歡？

有些人我們第一次可能會覺得她不漂亮、不溫柔，不是自己喜歡的類型。但是天天見，時間長了，是不是也會越看越覺得她很漂亮、很可愛？

可見，若想增強人際吸引，就要留心提高自己在別人面前的熟悉度。

一個男生喜歡一個女生的時候，可以故意製造見面的機會。假如她經常去某個教室自習，就故意也在那個時間去那個教室自習，「這麼巧，你也來這裡自習呀」，並且想盡辦法坐得離她近一點。

試想，你每天都這樣見到她，在她旁邊學習，就有機會了，所謂「近水樓台先得月」。你再找機會和她討論問題，送她回寢室。她會對你的印象越來越深，很可能會不知不覺地就喜歡上你。

假如你想得到老闆的重視和賞識，就有必要經常向老闆彙報工作。工作一開始，就要彙報；工作進行到一定階段，要按時彙報；進行到一定程度，要及時彙報；工作完成，要立即彙報。這樣，經常性地彙報，與老闆接觸的機會就多了，見面的次數也多了，讓老闆瞭解你的機會也多了。與老闆越熟悉，老闆越有可能喜歡你，這樣一來，提拔你的可能性就大了。

如果我們想與某人建立良好的關係，不妨多找機會和他見面。

人與人的交往，
就是心與心的較量！

對別人表示關心

不需要懷疑，人最關注的就是自己，所以你要對別人表示關心。

有一家餐廳，適逢餐廳員工下班，有一位服務員推自行車時，不小心摔了一下，只見經理快速起身跑了過去，扶起那位服務員，關切地問：「摔傷了嗎？要不要去醫院看看？」服務員回答：「不用。」「你看腿都摔破皮了，去擦一點藥，歇歇再走吧！」

經理小心地扶著她回到餐廳，然後就去找藥，找到藥以後，又親手替服務員擦上，還對她說如果不舒服，下午就不用來上班了，薪水照發。那位服務員連聲說：「不用，不用。」可以肯定，這種做法比發幾百元獎金更可以贏得這位服務員對工作的熱愛。

對小事的處理，可以反映一個人的素質。公司上班大家相互見面打個招呼，問一聲：「身體完全好了沒有？要不要再多休息幾天？」或者：「家裡的事解決了嗎？要不要幫忙？」這種簡短的問話，能溫暖人心。你心裡關懷別人，但不說出來，別人又怎能知道？即使有些極端自私的人表面表現出一些關切和問候，在一定程度上也可以打動人心。

有些人和同事、熟人、朋友許久沒見面了，但見了面之後，卻仍然還像平時一樣，一點也不激動，這樣豈不令人傷心。試想如果你許久沒上班，上班後別人見到你沒有任何特別的表示，你心裡一定會有這種感覺：我這麼久沒來上班原來他們還不知道，我在他們眼裡太不重要了。既然你有這樣的感覺，別人也一樣。下次你遇見許久沒見的朋友時，別忘了用驚訝、親熱的語氣表達你的問候：「好久沒見你了，做什麼去了？」「好久沒見了，真有些想你。」

關心別人，意味著被他的興趣所吸引，為他的高興而高興，因為他的擔憂而擔憂。一個人只要真心地關心別人，就會贏得真正的友情，就會在需要幫助的時候，獲得別人毫不猶豫的幫助。

自制力是你的力量之源

某個政黨有一位剛嶄露頭角的候選人，被人引薦到一位資深的政界要人那裡，他希望這位政界要人能告訴他一些如何多獲得選票以及如何可以在政治上取得成功的經驗。

但是這位政界要人提出一個條件，他說：「你每次打斷我說話，就要付五美元。」

候選人說：「好的，沒問題。現在，立刻可以開始。」

「很好。第一條是，對你聽到的對自己的詆毀或者汙蔑，一定不要感到憤恨。隨時都要注意這一點。」

「噢，我可以做到。不管人們說我什麼，我都不會生氣。我對別人的話毫不在意。」

「很好，這就是我的經驗的第一條。但是坦白地說，我不願意讓你這個不道德的流氓當選……」

「先生，你怎麼可以……」

「請付五美元。」

「哦，啊！這只是一個教訓，對不對？」

「哦，是的，這是一個教訓。但是，實際上也是我的看法……」

「你怎麼可以這麼說……」

「請付五美元。」

「哦！啊！」候選人氣急敗壞地說，「這又是一個教訓。你的十美元賺得也太容易了。」

「沒錯，十美元。你是否先付清錢，然後我們再繼續？因為，誰都知道，你有不講信用的賴帳的『美名』……」

「你這個可惡的傢伙！」

「請付五美元。」

「啊！又一個教訓。噢，我最好試著控制自己。」

「好，我收回前面的話，我的意思不是這樣。我認為你是一個值得尊敬的人物，因為考慮到你低賤的家庭出身，又有那樣一個聲名狼藉的父親……」

「你才是一個聲名狼藉的惡棍！」

「請付五美元。」

這是這個年輕人學會自我克制的第一課，他為此付出了高昂的學費。

然後，那個政界要人說：「現在，就不是五美元的問題。你要記住，你每次憤怒或者你為自己所受的侮辱而生氣時，至少會因此而失去一張選票。對你來說，選票可比銀行的鈔票值錢得多。」

因此，想要使自己成為一個優秀的人，就必須自我克制，克制自己的情緒，克制自己的欲望，要懂得忍耐。可以做到忍常人之所不能忍，必有一番作為。

心理學家薩勒做過一個糖果實驗，他對一群都是四歲的孩子說：「桌上放兩塊糖，如果你可以堅持二十分鐘，等我買完東西回來，這兩塊糖就給你。但是你若不能等這麼長時間，就只能得一塊，現在就可以拿走。」

這對四歲的孩子來說，很難選擇——孩子都想得到兩塊糖，但又不想為此煎熬二十分鐘；想要立刻吃到嘴，又只能吃一塊。

實驗結果：三分之二的孩子選擇寧願等二十分鐘的兩塊糖。當然，他們很難控制自己的欲望，許多孩子只好把眼睛閉起來傻等，以防受到糖的誘惑；或者用雙手抱頭，不看糖；或者唱歌，跳舞。有些孩子直接躺下來睡覺——為了熬過二十分鐘。

三分之一的孩子選擇現在就吃一塊糖。薩勒一走，一秒鐘內他們就把糖塞進嘴裡了。

經過十二年的追蹤，凡是熬過二十分鐘的孩子（已經十六歲了），都有較強的自制能力和自我肯定的心態，充滿信心，處理問題的能力強，堅強，樂於接受挑戰。選擇吃一塊糖的孩子，則表現出猶豫不定，多疑，嫉妒，神經質，好惹是非、任性、頂不住挫折、自尊心易受傷害。

人的本性中，就有各種欲望欲求，七情六欲是人性之根，喜怒哀樂也是人之常態。人總是好美惡醜、喜新厭舊的，別人的侮辱總是讓你憤怒。一個不能克制自己的欲望，控制自己情感的人，只能在平凡和瑣碎中度過此生。

凡是有所作為的人，都是具有很強的自制力、忍耐力的人。唯有那些為了自己的遠大目標，堅定不移地努力下去，可以抵禦聲色犬馬的誘惑，喜怒不露於外，禁得起空虛寂寞，懂得隱忍的人，才可以有所作為。

春秋時期，吳國和越國發生了戰爭。越國被打敗，越國國君勾踐沒有自殺，而是願意做吳國國君夫差的奴隸，因為他有一個堅定的信念：不能死，一定要活著，才有機會復國，打敗吳國，收復河山。

在吳國他住草棚，像馬一樣被夫差使喚，經常受到各種侮辱和虐待。他也憤怒、惱恨，但十年的奴隸生活，他都忍了下來，終於博得了夫差的信任，被釋放回到越國。

雖然當時的越國已經是吳國的藩屬和附庸，但是勾踐畢竟還是一國之君，瘦死的駱駝比馬大，他還是能有比常人好得多的生活。

但是，他沒有進行任何享受。他克制住自己對吃喝玩樂、美女寶馬的欲望追求，在坐臥的地方吊了一個苦膽，每天夜裡躺在柴草上面對苦膽，每次吃飯的時候都嘗嘗，以此來鞭策激勵自己。

就這樣，勾踐又苦心隱忍，和臣民同甘共苦，經過十年的發展生產，積聚力量，又經過十年練兵，終於在西元前四七三年打敗夫差，滅掉了吳國。

為了心中的目標，忍辱負重，克制自己的欲望，二十年的艱辛，終於得償所願。

漢初名將韓信年輕時家境貧窮，他既不會拍馬屁，無法從政做官，又不會投機取巧，難以買賣經商。整天只顧研讀兵書，最後，一天兩頓飯也沒有著落，他只好背上家傳寶劍，沿街乞討。

有一個財大氣粗的屠夫看不起韓信這副寒酸迂腐的書生相，故意當眾奚落他：「你雖然長得人高馬大，又喜歡佩刀帶劍，但只是一個膽小鬼。你要是不怕死，就一劍捅了我；要是怕死，就從我褲襠底下鑽過去。」說罷，雙腿叉開，立了個馬步。眾人一哄而上，且看韓信如何動作。

韓信認真地打量著屠夫，想了一想，竟然彎腰趴地，從屠夫褲襠下鑽了過去。街上的人頓時哄然大笑，都說韓信是一個膽小鬼。

韓信忍氣吞聲，閉門苦讀。幾年後，各地爆發反抗秦王朝統治的大起義，韓信應時而起，仗劍從軍，馳聘天下，威名遠揚。

韓信忍胯下之辱而圖蓋世功業，成為千秋佳話。假如他當初爭一時之氣，一劍刺死那個羞辱他的屠夫，按法律處置，無異於以蓋世將才之命抵償無知狂徒之命。假如他當初圖一時之快，與凌辱他的屠夫鬥毆，也無異於棄鴻鵠之志而與燕雀論爭。

韓信深明此理，寧願忍辱負重，也不願為爭一時之短長而毀棄自己長遠的前程。

這樣的忍耐，不是屈服，而是於退讓中另謀進取；不是逆來順受、甘為人奴，而是委曲求全。一旦時機到了，他就會如水底潛龍沖騰而起，施展才幹，創建功業。

一第四章一

學會借助名言的權威性

名人一語，點石成金

名人與一般人不同，他們在社會上說什麼話，表什麼態，都可能對一般人施加某種影響，無形地控制一般人的行為。有人曾經說「美聯儲主席葛林斯潘打個噴嚏，全球股市都會為之震盪」，可見名人就有名人的不同凡響之處，尤以那些有權威的名人更甚。

伯樂是相馬的名師，大家認為他相馬絕對不會看走眼，只要認可的馬就一定是好馬。有一次，有人來求見他，說：「我有一匹馬賣不掉，請你到馬市上走一遭，在我這匹馬旁邊走一走，看一看，成嗎？」伯樂答應了。果然，他去看了那麼一眼，這匹馬就賣了高價。

名人是人們心目中的權威，心目中的偶像，他們的話自然會格外受到人們的重視，也會影響別人的行為。人們普遍對名人有崇拜心理，名人的一句話往往有一呼百應的作用。

一九〇一年，清政府的「外交部長」李鴻章奉旨前往美國。在美期間，有一次，他在華人陳傑初開的雜碎館「醉月樓」宴請美國公使。美國公使見李鴻章吃得津津有味，好奇地問陳傑初：「李鴻章吃的是什麼？」陳隨口答道：「李鴻章雜碎。」美國公使想，中國高官喜歡吃的菜，肯定非同一般，便垂涎欲滴，也吃了起來，並且一邊吃一邊豎起大拇指，連聲說「Very Good」。後來此事一經報載，「李鴻章雜碎」就成為一道中國名菜，風靡全美，陳傑初於是生意興隆，因此暴富。華人紛紛仿效，中國人的雜碎館如雨後春筍，星羅棋布，開遍全美，三千多華人靠「李鴻章雜碎」發了洋財，「脫貧致富」。

其實，雜碎還是原來的雜碎，李鴻章沒有替華人帶去宮廷烹飪秘方，也沒有帶去河南王守義的「十三香」調味品，這就是名人效應，李鴻章無意之中替華人的雜碎館做了免費廣告。

的確，得到權威的名人的捧場與肯定，是最重要的一種成名方法。如果你想成為政治家，就去爭取讓你的政治才能得到本國最著名的政治家的賞識；如果你想成為文學家，就去爭取讓你的作品得到最著名的行家的稱讚……有名人的相助，相信你很快就會成為大眾追捧的對象。

名人一語，點石成金。在生活中學會利用名人的影響力，不失為抬高自身的一個有效途徑。

讓名人為自己撐腰

常言道，大樹底下好乘涼。在你的背後，要是有一個顯赫的人物為你撐著，你的人生旅途自然暢通無阻。

清朝康熙帝在位時，當時最大的奸臣是明珠。明珠幼年在宮中當過侍衛，與康熙的關係很好。由於這層關係，明珠仕途一帆風順，鼎盛期官至兵部尚書。

吳三桂自請「撤藩」，朝中大臣多有慰留之意。明珠附和康熙的意見，主張下旨「撤藩」，看看吳三桂敢不敢反。從此以後，康熙更加信任明珠。

明珠得勢以後，與其最親密的走狗余國柱開始大肆賣官，中飽私囊。

凡是各省的總督、巡撫、布政使、按察使等重要的位置一有空缺，他們便向有意者大肆索賄，直到滿足自己的欲望為止。日子久了，明珠的財富也就堆積如山了。

而且，明珠還進一步控制那些檢察官員，以求箝制百官。他將所有新上任的檢察官員找來，令他們訂下密約，答應所有向皇帝上的奏章，事先一定要拿來給自己過目。

這樣，明珠不僅得寵於皇上，控制百官，還控制著整個檢察機構。國家機構對他已是沒有任何的約束力，一時權傾朝野。

寵臣太過，就必然會為患於朝廷。大智如康熙者，不曾明眼辨奸，實為憾事。

等到明珠最終被人告發，康熙也僅僅是免了他的大學士之職，並且還是很不忍心的。過了不久，康熙又把他招來身邊，充任「內大臣」。

明珠是一個可憎可惡之人，我們可以從他成功的背後去尋找答案。他要不是仗著康熙這棵大樹為他擋住烈日、擋住狂風、擋住暴雨，他早已是滿朝文武的眾矢之的，身首異處了。

明珠的官道暢通之法，不可為我們所效仿。但是，我們也可以從中受到一些啟發：大人物永遠是你堅實的靠山，背靠大樹好乘涼啊！

在現代社會，「借名人撐腰」這種手段也常在政治、經濟、文化以及外交等領域廣泛運用，而且大有日趨擴展之勢。的確，對於人際交往，它不失為一種提高自身形象，擴大自己影響的策略和技巧。你可以巧妙地借助名人的影響，如請社會名流為你題個詞或者請專家教授為你寫的書作個序。雖然這種做法有沽名釣譽之嫌，但事實上，被社會所承認，是人的正當追求，對社會進步也有積極意義，而借助名人的名聲來提高自己的社會知名度，就是被社會所承認的方式之一。

美國總統也可以幫你賣書、賣衣服、賣自行車、賣汽水，你相信嗎？這並非笑話，只要你策劃得法，巧借名目，美國總統這個神聖的王冠你照樣可以玩弄於股掌之上，為你的市場競爭活動增添爆炸性新聞。

美國一位出版商有一批滯銷書久久不能脫手，他忽然想出了一個主意：送一本書給總統，並且三番五次地去徵求意見。忙於政務的總統不願與他多糾纏，便回了一句：「這本書不錯。」出版商便借總統之名大做廣告——「現有總統喜愛的書出售」，這些書一搶而空。

不久，這個出版商又有書賣不出去，又送一本給總統，總統上過一回當，想奚落他，就說：「這本書糟透了。」出版商聞之，腦子一轉，又做廣告——「現有總統討厭的書出售」，許多人出於好奇爭相搶購，書又售盡。

第三次，出版商將書送給總統，總統接受了前兩次的教訓，便不做任何答覆，出版商卻大做廣告——「現有令總統難以下結論的書，欲購從速」，竟然又被一搶而空，總統哭笑不得，商人卻借助總統之名大發其財。

看看，名人幫你說一句話，你的生意就此改觀了！

但是名人大多高高在上，不是一般人容易接近的。如何跟他們搭上線，讓他為你說話？史坦芬・艾勒的一句話可以幫助我們：「把鮮花送給『實力人物』身邊的人，即使他們只是你心目中的小角色。」即使他們只是一個小小的秘書、一位家庭主婦，甚至是年齡不大的孩子，也不要放過結交和討好他們的機會。有了情義和信任，同時也會帶來效益。說不定，這些「小角色」會在某個關鍵時刻改變你的前程和命運。

你結識了某位「實力人物」、名人的身邊人後，一定要抓住他，用盡方法得到他的支持。當你在成功或失敗的關頭，他的一句話、一個動作甚至一個眼神，都有可能倒轉乾坤。

如果你是一個創業者，往往感到工作起步艱難，如果可以得到事業有成的人的幫助，你一定會飛得快，飛得高。因此，讓你的交際圈子中有幾位名人為你「呼風喚雨」是非常重要的，但作為一個「小字輩」的你又該如何與他們接觸，並且如何讓他們喜歡你，進而借助他們的名人效應？

這就必須掌握名人的社會關係。與知名人物見面的機會是很難得的，但是他們的朋友、親屬或工作中的助手，都是你走向成功的天然踏腳石。如果他們可以幫你在名人耳邊說上幾句好話，真是很榮幸也很珍貴的。要與名人交往，最基礎的工作就是要掌握他們的社會關係。他們是人，不是神，他們有各種社會關係，有各種各樣的業務，也有各種各樣的喜好、性格特徵。

特別是現代媒體經常關注一些「實力人物」的情況，你從中定會瞭解一二。你可以瞭解他的過去、他的經歷，甚至他的祖輩、父輩，然後從他的親屬、他的朋友、他的子女等「小角色」入手，取得他們的信任與支持，名人幫你「呼風喚雨」的日子將指日可待。

清光緒某年，鎮江知府想為他的母親做八十大壽，消息傳到周炳記木號，周老闆愁眉頓開，高興萬分。周老闆為何高興？原來那時鎮江木號的木材，大多堆在江裡。為此，清政府每年要索納幾千兩銀子的稅貼。木號的老闆們為了放寬稅貼，只好向知府大人送禮獻媚。可是這位知府自稱清正廉明，所贈禮物均拒之門外。

周老闆正在設法尋找接觸的機會，聽說知府的老母要做大壽，頓時覺得這是一個機會。他知道知府大人是一位孝子，對老夫人的話是百依百順。只要打動了這位老夫人，也就等於說服了知府大人。

周老闆派人打聽老夫人喜歡什麼，得知她最喜歡花。可眼下初入寒冬，哪來的鮮花？周老闆靈機一動，有了辦法。

老夫人做壽這天，周老闆帶著太太一行人早早地來到知府大人的後衙。周太太一下轎，丫環們就用綠色的綢緞從大門口一直鋪到後廳，周太太在地毯上款款而行，每一步就留下一朵梅花印。朵朵梅花一直「開」到老夫人的面前，祝老夫人「福如東海，壽比南山」。老夫人聽了笑不攏嘴，連忙請他們入席。

宴席期間，上了二十四道菜，周太太也換了二十四套衣服，每套衣服都繡著一種花，什麼牡丹、桂花、荷花、杏花……看得老夫人眼花撩亂，眉開眼笑。直到宴席結束，周太太才說請知府大人高抬貴手，放寬木行的稅貼。老夫人正在興頭上，忙叫兒子過來，吩咐放寬周炳記木行的稅貼。既然母親開了「金口」，孝子又豈有不點頭答應之理。

從此，周太太成為知府家中的常客，每次來都借「花」獻佛。孝順的知府大人也因為母命難違，就對周老闆另眼相看。

有些人不是心甘情願地為你做貴人的，這就要想辦法，讓他行也得行，不行也得行。像周老闆就很會想辦法，他先從名人的身邊人入手，使老夫人能在知府大人面前好言相助，進而對知府大人施加壓力，使他不得不做了自己的貴人。

如果你身分平平，毫無資源可言，又想做出一番不一樣的事業，就要動動腦筋為自己增加籌碼，而增加籌碼和分量最簡單的方式就是找到有價值、有分量的人，讓他們替自己說話，為自己貼上閃亮的標籤。借助這些「增值」手段，相信你就會搖身一變，身價倍增了！

名人招牌，引得客源滾滾來

「生意不好怨櫃檯」，這看起來是一種無奈之舉，其實也是一種明智的選擇。生意清淡，經營上肯定存在問題；有效辦法是迅速改變經營策略，謀取新的出路。借助名人就是一個新的出路。大家都崇尚名人，很多人都對名人的話俯首恭聽，唯命是從。生意場上如果可以使自己的商品與某個名人掛上鉤，借助名人效應，一定會格外醒目，銷路自然大開。

人們出於對名人的喜歡、信任甚至模仿，進而轉嫁到對產品的喜歡、信任和模仿，是很自然的。名人的影響力越大，你的招牌就越響亮。

北京北海公園瓊華島北面有一家名叫仿膳飯莊的餐廳，已有數十年歷史。雖然這裡的飯菜全是仿照清朝宮廷菜點的方法烹製，但生意一直很清淡。後來他們透過調查，發現外國遊客對皇帝的起居飲食懷有濃厚興趣，於是決定以「皇帝吃過的飯菜」作為仿膳的特色，大張旗鼓地進行宣傳。

他們搜集了許多關於宮廷菜點的傳說和有關的軼事，編成故事，讓服務員背下來，並且在點菜、上菜時根據不同顧客、不同場合加以介紹，生意一下子變得很好。

一次，美國華盛頓市長在這裡舉行答謝宴會，席間服務員端上一盤點心，彬彬有禮地介紹：「慈禧太后夜裡夢見吃肉末燒餅，第二天早上碰巧廚師為她準備的正是肉末燒餅，她高興極了，認為這正是心想事成、吉祥如意的象徵。今天各位吃的就是當年慈禧太后『夢寐以求』的肉末燒餅，願大家今後事事如意，步步吉祥……」

一席話把美國客人逗樂了。華盛頓市長高興地敬了服務員一杯酒，說：「下次來北京，再來你們這裡做客！」

有頭有臉的人都喜歡用的東西，一般人心理上比較容易認同：「我和某某用的同一個品牌。」同樣是消費，多一層攀龍附鳳的光環，自然很多人願意借這個光。

事實上，這種攀龍附鳳之心也是情理中的事，普天之下，誰不希望自己有一個讓人矚目的背景或者聲名顯赫的朋友，若一個明星或者隨便什麼大人物與自己沾親帶故，自己也便躋身他們的行列，自然而然地沾上了榮耀，在別人眼裡也就身價大增了。

有一位阿拉伯人名叫艾布杜，本來窮困潦倒，身無分文，就是使用了這種手段，廣結天下的名人，不僅求來許多名人做朋友，還為自己求來了百萬家財。

其實，他致富的法寶說來簡單有趣。他的簽名簿裡貼有許多世界名人的照片，再模仿名人的筆跡，簽寫在照片下，他帶著這幾本簽名簿浪跡天下，登門造訪工商鉅子和豪門富翁。

「我是因為仰慕你而千里迢迢從阿拉伯沙漠前來拜訪你。請你貼一張照片在這本世界名人錄上，再請你簽上大名，我們會加上簡介，等它出版以後，我會立即寄贈一冊……」

由於這些人有的是錢，又喜歡擺闊，一想到能跟世界名人排名在一起，便感到無限風光，這樣一來，他們就毫不吝惜地付給艾布杜一筆為數可觀的金錢。

其實，每本簽名簿的出版成本只有一兩美元。富人所給的報酬，卻往往超過上千美金。艾布杜花了六年的時間，旅行了一百個國家，提供給他照片與簽名的共有兩萬多人。給他的酬勞最多的有兩萬美元，最少的也有五十美元，總計收入大約五百萬美元。

招牌就是硬道理。有了好的招牌，自然客源滾滾來。想要使產品迅速為大眾所知，打開銷路，最好的方法就是找名人做廣告。讓名人替你或者替你的產品說話，這將是你通往成功的捷徑。

人與人的交往，
就是心與心的較量！

想要說服別人的時候，添加一點權威成分

在一次化學課上，教授拿過來一個空瓶子，他告訴學生說，這裡面裝著一種極臭的氣體，現在他要把瓶子打開，讓臭氣散播出去，測驗一下臭氣的傳播速度，並且讓學生們在聞到臭味後立即舉手，他會一直計時，以便進行計算。說了一聲開始之後，教授打開了瓶蓋。

十五秒鐘後，前排學生即舉手，稱自己聞到臭氣；然後，後排的人則陸續舉手，紛紛稱自己也已聞到；不出一分鐘，幾乎整個教室的學生都舉起了手表示已經聞到了臭味，並期待著看看教授如何計算臭氣的傳播速度以及結果如何。

教授問道：「你們真的聞到了臭味嗎？」一些同學十分肯定地回答說聞到了，只有少數幾個人遲疑沒有回答。

此時，教授無奈地說：「其實這個瓶子中什麼也沒有。」

人們總是相信權威、迷信權威，許多人對權威的迷信已經到了近乎盲目的地步。他們放棄

了自己的判斷，完全聽信於權威人士，可見權威對人們的影響力之大。

在日常工作、生活中，我們經常會遇到這樣一種情景：你在與別人爭論某個問題，分明自己的觀點是正確的，但就是不能說服對方，有時候還會被對方「駁」得啞口無言。如果添加一些權威成分，很容易就可以爭取別人贊同自己的觀點。

例如，如果朋友告訴你某種蔬菜或水果營養價值很高，某種蔬菜或水果不宜食用，你往往不以為然。健康節目播出的節目中一說，某種蔬菜或者水果含有對人體有利的元素，應該盡量多食用，你一定會立刻行動，將這種蔬菜端上餐桌，並且反覆跟家人強調這種蔬菜的好處；如果節目中說，某種食物含有致癌物質，長期食用將導致身體機能惡化甚至罹患癌症，許多人一定又會千叮嚀萬囑咐，提醒周圍的人遠離這種食物，遠離危險。

所以，在自己的言談中添加一些權威成分，可以有效地使別人增加對你的信任和支持。

麥哲倫是舉世聞名的航海家，他正是由於獲得西班牙國王卡洛斯一世的支持，才完成環繞地球一周的壯舉，證明了地球是圓的，改變了世人天圓地方的觀念。麥哲倫如何說服國王贊助並且支持自己的航海事業？原來，他邀請了著名的地理學家路易・帕雷伊洛一起去勸說國王。

當時，由於哥倫布航海成功的影響，許多騙子認為有機可乘，都想掛著航海的招牌，騙取皇室的信任進而騙取金錢，所以國王對一般所謂的航海家都抱有懷疑態度。可是與麥哲倫同行的帕雷伊洛久負盛名，是公認的地理學方面的權威，國王不僅尊重他，而且很信任他。帕雷伊洛向國王歷數麥哲倫環球航海的必要性及各種好處，讓國王心服口服地支持了航海。國王正是由於相信權威的地理學家，才相信了麥哲倫，正是權威的作用，促成這個舉世震驚的成就。

其實，在麥哲倫環球航海結束以後，人們透過無數研究發現，當時帕雷伊洛對世界地理的某些認識是不全面甚至是錯誤的，所得出的一些計算結果也和實際有偏差。但這一切都無關緊要，國王正是由於權威暗示效應——專家的觀點不會有錯——陰差陽錯地成就了麥哲倫的環球航行的偉大成功。

由此可見，下一次在勸說別人支持自己的行動和觀點時，適當地添加一些權威成分，可以節省許多的精力，輕鬆說服別人。

不要被「權威」迷惑

在生活中，我們要學會利用「權威」為我們的話佐證，但同時我們也必須要提高警惕，避免掉入迷信「權威」的陷阱。

一般來說，權威人士的見解比一般人更加深入，判斷事情也相對準確。可是人非聖賢，孰能無過，即使是權威，在認識的領域總還有未知的地方，在理解的層次上也難免會有誤差，更何況還有居心叵測的人借助人們對權威的信任和依賴來蒙蔽甚至欺騙大家。所以，對於權威，相信固然是一種尊重，但是更要敢於懷疑權威們的錯誤，敢於在權威面前提出自己的觀點。

伽利略是十七世紀義大利偉大的科學家。他在學校念書的時候，同學們就稱他為「辯論家」。他提出的問題很不尋常，經常使老師很難解答。

那個時候，研究科學的人都信奉亞里斯多德，把這位兩千多年前的希臘哲學家的話當作不容更改的真理。誰要是懷疑亞里斯多德，人們就會責備他：「你是什麼意思？難道要違背人類的真理嗎？」

亞里斯多德曾經說過：「兩個鐵球，一個十磅重，一個一磅重，同時從高處落下來，十磅重的一定先著地，速度是一磅重的十倍。」這句話使伽利略產生疑問。他想：如果這句話是正確的，把這兩個鐵球拴在一起，落得慢的就會拖住落得快的，落下的速度應該比十磅重的鐵球慢；但是，如果把拴在一起的兩個鐵球看作一個整體，就有十一磅重，落下的速度應該比十磅重的鐵球快。這樣從一個事實中卻可以得出兩個相反的結論，這怎麼解釋？

伽利略帶著這個疑問反覆做了許多次實驗，結果都證明亞里斯多德的這句話的確說錯了。兩個不同重量的鐵球同時從高處落下來，總是同時著地，鐵球往下落的速度跟鐵球的輕重沒有關係。伽利略那個時候才二十五歲，已經當了數學教授。他向學生們宣布了實驗的結果，同時宣布要在比薩城的斜塔上做一次公開實驗。

消息很快傳開了。到了那一天，很多人來到斜塔周圍，都要看看在這個問題上誰是勝利者：是古代的哲學家亞里斯多德，還是這位年輕的數學教授伽利略？有些人說：「這個年輕人真是膽大妄為，竟然想找亞里斯多德的錯處！」有些人說：「等會兒他就固執不了啦，事實是無情的，會讓他丟盡了臉！」

伽利略在斜塔頂上出現了。他右手拿著一個十磅重的鐵球，左手拿著一個一磅重的鐵球。

兩個鐵球同時脫手，從空中落下來。一會兒，斜塔周圍的人都忍不住驚訝地呼喊起來，因為大家看見兩個鐵球同時著地了，正跟伽利略說的一樣。這時大家才明白，原來像亞里斯多德這樣的哲學家，說的話也不是全都對的。

不迷信權威，不能被所謂的「真理」迷惑，才可以取得自己獨特的見解。

在生活中，我們必須清醒地認識到，權威的人、權威的品牌、權威的理論和著作，都在某一領域、某一階段、某一特定環境和條件下有一定的昭示和示範的作用，但權威之中又必有瑕疵。因此我們一定要勇於創新，不可完全服從於權威。

但同時對於如何創新我們也要有正確的認識，我們在創新時，絕不可完全背棄權威，而是要慎重把握住創新與權威之間的關係。因為，一方面，如果不尊重權威，不讀書，創新就失去基礎；另一方面，如果被權威、書本所控制，創新就沒有了空間。因此我們在創新時，一定要尊重權威並且虛心向權威學習，同時也要具備挑戰權威的決心和信心，要敢於懷疑，敢於提問，敢於鑽研，敢於實踐，這樣才可以正確發揮權威和創新的雙重作用，促進社會和自我的發展。

心學堂 35

心計學

企劃執行　海鷹文化
作者　牧之
美術構成　騾賴耙工作室
封面設計　九角文化/設計
發行人　羅清維
企劃執行　張緯倫、林義傑
責任行政　陳淑貞

出版者　海鴿文化出版圖書有限公司
出版登記　行政院新聞局局版北市業字第780號
發行部　台北市信義區林口街54-4號1樓
電話　02-2727-3008
傳真　02-2727-0603
E-mail　seadove.book@msa.hinet.net

總經銷　知遠文化事業有限公司
地址　新北市深坑區北深路三段155巷25號5樓
電話　02-2664-8800
傳真　02-2664-8801

香港總經銷　和平圖書有限公司
地址　香港柴灣嘉業街12號百樂門大廈17樓
電話　（852）2804-6687
傳真　（852）2804-6409

CVS總代理　美璟文化有限公司
電話　02-2723-9968
E-mail　net@uth.com.tw

出版日期　2025年01月01日　一版一刷
　　　　　2025年07月25日　一版五刷
定價　380元
郵政劃撥　18989626　戶名：海鴿文化出版圖書有限公司

國家圖書館出版品預行編目（CIP）資料

心計學【玩的就是心計】／牧之作.
-- 一版. -- 臺北市 ： 海鴿文化，2025.01
面 ； 公分. --（心學堂；35）
ISBN 978-986-392-542-2（平裝）

1. 應用心理學　2. 成功法

177　　113017226